Petra Koci

111 Orte im Kanton Glarus, die man gesehen haben muss

Mit Fotografien von Benno Gut

111

emons:

Bibliografische Information der Deutschen Nationalbibliothek
Die Deutsche Nationalbibliothek verzeichnet diese Publikation in der Deutschen Nationalbibliografie; detaillierte bibliografische Daten sind im Internet über http://dnb.d-nb.de abrufbar.

FSC www.fsc.org
MIX
Papier aus verantwortungsvollen Quellen
FSC® C043106

Layout: Eva Kraskes, nach einem Konzept von Lübbeke | Naumann | Thoben
Kartografie: altancicek.design, www.altancicek.de
Kartenbasisinformationen aus Openstreetmap,
© OpenStreetMap-Mitwirkende, ODbL
Druck und Bindung: Grafisches Centrum Cuno, Calbe
Printed in Germany 2021
ISBN 978-3-7408-1066-5
Originalausgabe

Unser Newsletter informiert Sie regelmässig über Neues von emons:
Kostenlos bestellen unter
www.emons-verlag.de

Vorwort

Das offene Tal

«Zigerschlitz» nennen die Einheimischen ihren Kanton. Und die Berge seien ihre Stadtmauern, sagen sie. Ja, es gibt wohl mehr Berge im Kanton Glarus als Ortschaften, und es geht steil hinauf. Aber ich habe das Tal – Pardon: das Gross- und das Kleintal – nie als Schlitz, nie als beengend empfunden. Hohe Gipfel laden ja auch ein, darüberzuschauen zu neuen Horizonten. Die Menschen in Glarus habe ich als offen und herzlich erlebt, als Pioniere und Heimatverbundene. An dieser Stelle von Herzen ein Dankeschön an alle Glarnerinnen und Glarner, die mich für dieses Buch mit Geheimtipps und Geschichten, mit Insiderwissen und Informationen gefüttert haben.

Schon immer hat mich das Glarnerland fasziniert. Hier hat jeder Ort nicht nur eine Kirche, sondern auch ein eindrückliches Industrieareal. Um verwitterte Fabrikantenvillen und historische Herrenhäuser ranken sich Phantasien. Jemand hat den Kanton einst den «bekannten Unbekannten» genannt. Wie passend – und wie reizvoll, diesen besser kennenzulernen. Geschichten liegen hier auf den Strassen, auf streng geometrisch angeordneten Strassen etwa. Dafür ist ein Tisch schräg drauf, und Gebirgsmassen und Forschermeinungen stehen kopf. Da thront ein französischer König mit versteinerter Miene, während ein amerikanischer Ex-Präsident freudig Pizza futtert. Angeblich füllt sich ein Dorfbrunnen über Nacht mit Gold. Hingegen tauchen Mysterien auf, wenn sich ein See leert oder wenn Geröll abbröckelt. Wussten Sie übrigens, dass hier amerikanische Sektenmitglieder in die Luft geflogen sind? Und dass ein Mörder unter den Glarnern ist?

An 111 spannende, vergessene und Lieblingsorte im Kanton Glarus nimmt Sie dieses Buch mit. Es ist eine Einladung, dem unbekannten Bekannten in 111 Rendezvous nahezukommen.

111 Orte

1 Die Zirkusstadt

Der wohl einzige Bio-Zirkus weltweit

Umgeben von den hohen Berggipfeln wirkt der kirchturmhohe rote Zipfel mitten im Tal winzig: Es ist die Zeltkuppel des Zirkus Mugg. Darüber locken die «mugg»-Leuchtlämpchen-Lettern Gäste an. Hereinspaziert in die Zirkusstadt mit ihren gelb-roten Wagen und zwei Zelten! Wo private oder Firmenanlässe in einem familiären Rahmen gefeiert werden. Wo sich auch mal ein Brautpaar – das Zelt ist offizielles Traulokal – traut. Wo junge Talente Zirkus-Ferien machen.

In der Weihnachtszeit verzaubert jeweils ein Dinner-Spektakel alle Gäste: Es ist ein Varieté mit wechselnden Künstlern. Diese tanzen, turnen, jonglieren und zaubern nicht nur auf der Bühne, sondern balancieren zwischen den Auftritten Gourmetmenüs wie Kalbsnetzbraten oder Karamelköpfli zu den Gästetischen. Die Gastronomie ist frisch und biologisch. Tatsächlich ist der Zirkus Mugg der erste Glarner Bio-Restaurantbetrieb und womöglich der einzige Bio-Zirkus weltweit. Die Herren Direktoren und Artisten in Personalunion, Stephan und Ischa Muggli, und ihre Familien achten auch darauf, dass der CO_2-Fussabdruck möglichst klein bleibt. Etwa indem praktisch kein Foodwaste anfällt und sämtliches Merchandising fair hergestellt ist.

Die Restauration ausgemusterter Wagen gehört ebenso zum charmanten Konzept. Da ist der fast 100-jährige Wagen einer Confiserie. Holzig und heimelig steht er da als Zirkuslädeli. Da sind zwei Gastrowagen, die 1969 als Pumpen- und Heizwagen mit einer Knie-Wassershow tourten. Nostalgie kommt auch bei der ehemaligen Autoscooterkasse auf. Und wer hätte gedacht, dass der einstige Autoscootertransporter ganz früher sogar von Pferden gezogen wurde?

Auf Tournee geht der Zirkus Mugg nicht, mit Ausnahme des Tourneelagers für Jugendliche. Die Stadt auf Rädern ist fix verankert in Glarus-Süd. Die Parzelle setzt sich zusammen aus Ein-Quadratmeter-Landstücken von verschiedenen Spendern.

Adresse Untere Allmeind 6, 8777 Betschwanden, www.mugg.ch | **ÖV** S 6, S 25 nach Betschwanden | **Anfahrt** A 3, Ausfahrt 44 Niederurnen, auf der N 17/ Hauptstrasse nach Betschwanden | **Öffnungszeiten** Varieté: Ende Nov.–Anfang Jan., private Feste: Jan.–Okt., Lagerferien: Mai–Ende Sommerferien | **Tipp** Die Ursprünge der Kirche von Betschwanden gleich neben dem Zirkus gehen bis ins Mittelalter zurück.

2 Das Elsenerhaus

Bed & Breakfast unter Denkmalschutz

Wären die schmalen Fenster des Elsenerhauses Augen, was hätten sie nicht schon alles aus nächster Nähe gesehen! Überschwemmungen, die Pest und das Sumpffieber. Biltener Familien, die am Linthkanal ablegten und nach Amerika aufbrachen – bis nach New Bilten in Wisconsin. Später dann Knaben, die im Heim durch bäuerliche Arbeit erzogen wurden. Heute sehen sie stets wechselnde Gäste aus aller Welt. Denn das stattliche Herrenhaus bietet Zimmer mit Frühstück an.

Ratsherr Hans Heinrich Milt, genannt Elsener, hatte es 1608 bauen lassen. In gewissem Sinne war es schon früh eine Art Bed & Breakfast. Wenn auch das prächtigste Zimmer im Haus für einen einzigen Gast reserviert war: für Elseners Bruder, der in französischen Kriegsdiensten stand. Heute steigt man die Treppe hoch in eine andere Zeit. Im Dachgeschoss liegt die gänzlich mit Holzvertäfelung ausgestattete Prunkstube mit angrenzendem schlichten Schlafzimmer, eine Suite. Heinrich Milt galt damals als der reichste Mann im Glarnerland. Sein Haus repräsentierte diesen Status. Für die dekorierten Säulen, Wandtäfer mit Renaissance-Intarsien, Portale, die Kassettendecke oder das Schaubuffet mit Figurendarstellungen hatte er wohl den besten Kunstschreiner holen lassen. Lange kann man in der Stube stehen und immer wieder kunstvolle Details entdecken. Die prächtigen Arbeiten lassen sich demselben Meister wie demjenigen im Freulerpalast zuschreiben. Sein Name? Unbekannt.

Besichtigen kann man das Prunkzimmer auf Anfrage, darin nächtigen nicht. Dafür gibt es die charmanten Zimmer im Erdgeschoss – mit Blick in den grossen Garten, welchen die Besitzer selbst von Tonnen Gestrüpp befreit und mit Gras, Gräsern, Büschen und Bäumen in allen Schattierungen von Grün neu bepflanzt haben. Mit einer Lounge und einem lauschigen Pavillon präsentiert er sich so prachtvoll wie einst zu Ratsherrn Elseners Zeiten.

Adresse Elsenerstrasse 14, 8865 Bilten, Tel. 055/5568964 | **ÖV** S 2, S 8 oder S 27 nach Bilten, Bus 513 bis Bilten Seggenstrasse | **Anfahrt** A 3, Ausfahrt 43 Bilten, Schänisser-/Seggenstrasse Richtung Wald folgen, geradeaus in Elsenerstrasse biegen | **Tipp** Von der Kakaobohne zur Schokolade – wie das geht, erfährt man auf dem Schoggi-Erlebnis-Rundgang bei Läderach (Grabenstrasse 6).

3 Der Niederrietweiher

Blaue Schmetterlinge am bräunlichen Torfstichsee

Es summt und quakt, zirpt und zwitschert, schnattert und flötet. Ein Windhauch streicht durch das Schilf, lässt es flüstern und die Wasseroberfläche kräuseln. Im Chor der Tierstimmen am Niederrietweiher sind Frösche auszumachen und Vögel. Da schwimmen einige Enten. Auch Fische sind im grünbraunen Nass zu erkennen. Sanft knisternd hört sich der Flug der Libellen an. Nur der Kleine Moorbläuling lässt sich gerade nirgends entdecken.

Das Naturschutzgebiet ist das Reich dieses speziellen Schmetterlings, der von einer Pflanzen- und einer Ameisenart «gehirtet» wird: Die Weibchen legen ihre Eier auf den Knospen des Lungenenzians ab. Später werden die Raupen von Ameisen adoptiert und gefüttert. Denn dank eines Duftstoffs wird die Raupe für eine Ameisenlarve gehalten.

Das Besondere am Niederriet sind aber die mehrere Meter tiefen Torflagen. Die Linthebene war bis ins Mittelalter hinein teilweise ein flacher See. Bis zur Fertigstellung der Linthkorrektur 1827 galt sie als Sumpf- und Überschwemmungszone. Das Gebiet lag womöglich in einer Uferzone. Da sich normalerweise etwa 30 bis 40 Zentimeter Torf in 100 Jahren bilden, muss die Torfbildung über 1.000 Jahre lang stattgefunden haben.

Torf war schon im 18. Jahrhundert ein beliebter Rohstoff zur Energiegewinnung. Der Naturforscher Johann Jakob Scheuchzer nannte den Torf «unterirdisches Holz». Vor allem in der Zeit zwischen den Weltkriegen und auch später, als Energie knapp war, kamen die Torfböden gelegen. So auch die Vorkommen in der Linthebene. Hier erwarb die Firma von Moos & Cie. aus Luzern 1943 die Torfstech-Konzession für ein Gebiet von 3,25 Hektaren. 1987 besiegelte eine Initiative das Ende des Torfabbaus in der Schweiz. Immerhin ist es der früheren Torfstecherei zu verdanken, dass der Niederrietweiher entstanden ist. Ein kleines Reich für alles, was fliegt und kriecht, hüpft und schwimmt.

Adresse Niederriet, 8865 Bilten | **ÖV** S 25 nach Bilten, Bus 524 bis Bilten Gerbi und zu Fuss in Niederrietstrasse | **Anfahrt** A 3, Ausfahrt 43 Bilten, rechts abbiegen auf Tschachenstrasse und parallel zur Autobahn bis Niederriet | **Tipp** Das Dreieckswäldli ist die Grenze der Kantone Glarus, Zürich und St. Gallen. Unter der Autobahn wurde ein Wilddurchgang von nationaler Bedeutung gebaut.

4 Die Sägensammlung

Konrad Kamm bewahrt Technikgeschichte

Artenvielfalt ist wichtig, auch für Konrad Kamm. Allerdings geht es bei ihm nicht um Biologie, sondern um Motorsägen. Es ist die Artenvielfalt von Oldtimer-Motorsägen, die ihn begeistert, viel mehr noch als der Lärm der Maschinen, die Motorenkraft, die Vibration oder das alte Handwerk.

Etwa 250 Kettensägen hat der Sammler zusammengetragen. Mit wenigen Ausnahmen sind sie älter als Jahrgang 1965. Ein grosser Teil davon findet Platz in seiner Garage in Bilten, schön in Baumstämmen eingesteckt. Hier bewahrt er auch altes Holzwerkzeug auf, das er ebenfalls sammelt. Seine Sägenmodelle sind eine bunte Gruppe. Da gibt es Benziner und Diesel, Ein- und Zweizylinder, Ein- und Zweimannsägen. Die älteste ist eine Druckluftsäge von 1927.

Und seine allererste Motorsäge? Das war eine Hunziker-Zweimann-Motorsäge mit MAG-Motor, Jahrgang 1945, die bei seinem Schwiegervater im Stall gelegen hatte. Eine Rarität, welche dieser gleich nach dem Krieg gekauft hatte. Als Konrad Kamm später auf einer Forstmesse in Deutschland einen Motorsägensammler traf, war er fasziniert. 2008 begann er, selbst zu sammeln. Damals fuhr er noch in der ganzen Schweiz umher, um ältere Modelle zu kaufen oder doppelte zu tauschen. Heute sucht er vor allem noch seltene Exemplare, die «Filets» für seine Sammlung.

Ein Fünftel seiner Oldtimer-Modelle ist einsatzbereit, etwa für Demonstrationszwecke, wenn er zu einem Sammlertreffen fährt oder für eine Veranstaltung angefragt wird. Meist nimmt er seine Lieblingsmotorsäge mit: eine SOLO-Twin-Zweizylinder-Motorkettensäge von 1965. «Lass sie laufen», sagen dann viele Besucher. Oft schwingt Nostalgie mit. Dann zieht Konrad Kamm am Zugseil des Starters, der Oldtimer rattert und lärmt los, sobald er sich durch einen Baumstamm frisst. Der Motorenlärm, der «Sound», lockt immer Leute an. Die Säge knattert so, wie wenn eine Gruppe frisierter Töffs vorbeirasen würde.

Adresse Seggenstrasse 4, 8865 Bilten, Tel. 055/6124693 | **ÖV** S 2, S 8, S 27 nach Bilten, Bus 524 bis Bilten Seggenstrasse | **Anfahrt** A 3, Ausfahrt 43 Bilten, beim Kreisel erste Ausfahrt rechts, beim zweiten Kreisel zweite Ausfahrt geradeaus und links in Seggenstrasse | **Öffnungszeiten** nur nach telefonischer Voranmeldung | **Tipp** Im Schmidhof-Burebeizli (Wiesenstrasse 11) gibt es Kaffee oder am Wochenende auch eine Bratwurst.

5 Das Chalet Rosmarie

Wurde hier das original Birchermüesli erfunden?

Das Birchermüesli kennen wir heute in aller Welt. Entwickelt hat es der Schweizer Arzt und Vollwertkost-Pionier Maximilian Bircher-Benner (1867–1939). Ob er sich womöglich sogar in Braunwald zu seiner berühmten Speise hat inspirieren lassen? Der Arzt war häufig in den Glarner Bergen und baute 1908/09 auf der Sonnenterrasse sein Chalet Rosmarie. Es war eines der ersten Ferienhäuser in Braunwald überhaupt. Erst 1907 war der Ort durch die Standseilbahn erschlossen worden.

Das Holz-Chalet Rosmarie ist leicht und luftig in die umliegende Landschaft am Hang eingebettet. Die grosse Fensterfront wirkt wie eine Winterveranda und ermöglicht Ausblicke auf die umliegenden Gipfel. Es ist ein bescheidener Rückzugsort ohne Luxus, denn hier suchte Bircher-Benner mit seiner Familie vor allem Ruhe.

In der Stadt Zürich betrieb der Arzt das private Sanatorium «Lebendige Kraft». Zur Kur kamen etwa die Schriftsteller Thomas Mann und Hermann Hesse, der Stargeiger Yehudi Menuhin, die Kosmetikunternehmerin Helena Rubinstein und der König von Siam, dem heutigen Thailand. Einige der illustren Patienten in Zürich soll er an Wochenenden nach Braunwald mitgebracht haben, damit sie das einfache Leben in den Bergen kennenlernten. Die kleineren zugehörigen Häuser «Max» und «Moritz» wurden vermutlich erbaut, damit sich die Kinder dort aufhalten konnten, ohne die Gesellschaft zu stören.

Auf die Idee zum Birchermüesli kam Bircher-Benner der Überlieferung nach auf seinen Wanderungen. Die Älpler boten ihm Brei aus zermahlenem Korn, Obst, Milch und zerkleinerten Nüssen an. Der Arzt kreierte daraus sein eigenes Rezept. Es bestand aus Haferflocken, Äpfeln, Nüssen, Wasser, Zitronensaft und etwas Kondensmilch. Seine Apfeldiätspeise nannte er einfach «d'Spys». Als Teil seiner Rohkostdiät wurde sie als kaltes, vollwertiges Gericht in seiner Klinik in Zürich – und wohl auch im Chalet Rosmarie – serviert.

Adresse Sackbergstrasse 3, 8784 Braunwald | ÖV S 6, S 25 nach Linthal Braunwaldbahn | Anfahrt A 3, Ausfahrt 44 Niederurnen, auf der N 17/ Hauptstrasse nach Linthal Braunwaldbahn, von der Bergstation mit Kutsche oder zu Fuss | Öffnungszeiten nur von aussen zu besichtigen | Tipp Das BSINTI, wenige Schritte von der Bergstation entfernt, ist sympathischer Treffpunkt, Lesecafé und Kulturbar in einem.

6 Die E-Kutsche

Tradition, Technologie, Tierwohl mit zwei PS

Die Rösser Halli und Nemo trotten auf der schmalen Strasse von Braunwald brav geradeaus. Nur manchmal wird der noch junge Hengst Halli etwas übermütig. Dann muss Kutschenführer Köbi Schuler etwas an den Leinen ziehen. Dass unter dem Boden des Wagens eine Elektrobatterie steckt, vermutet man nicht. Auch das kleine Steuerpult vorne beim Bock und das elektrohydraulische Bremssystem entdeckt man erst auf den zweiten Blick. Köbis Gefährt mit zwei PS ist nämlich eine Elektro-Kutsche.

Das Prinzip der E-Kutsche entspricht dem eines E-Bikes: Die Pferde werden mit Hilfe eines elektrischen Hilfsmotors unterstützt. Für die Tiere ist das angenehmer, es entlastet ihren Rücken. Das Gespann hat mehr Kraft und Ausdauer. Die Steuerung ist auf die Pferde abgestimmt, nicht auf die Fahrgäste. Zugkraftsensoren messen laufend die Last. Wird die maximale Belastung überschritten, hilft der Elektromotor – auch beim Bergabfahren. Dann wird die Bremskraft sogar zur Ladung der Batterien genutzt.

Köbi Schuler hat die ersten und aktuell einzigen zwei Elektro-Kutschen der Schweiz. Die Idee zum elektrisch betriebenen Gespann war im autofreien Braunwald aufgekommen, seit auch ein Plan zum Bau eines neuen Hotels ausserhalb des Dorfkerns diskutiert wird. Schliesslich sollen die zukünftigen Gäste auf umwelt- wie auch tierfreundliche Art transportiert werden können. So wurde vorerst ein E-Kutschen-Prototyp der Forschungsanstalt Agroscope getestet. Später konnten mit Hilfe von Sponsoring und Spenden zwei in Polen hergestellte Kutschen gekauft werden. Die Software aber, die wird in der Schweiz programmiert und vertrieben – das ist Köbi Schuler wichtig.

Gut möglich also, dass die Gäste in seiner Kutsche nicht nur Hotelgäste oder Ausflügler auf Apéro- und Fonduefahrten sind, sondern auch Delegationen aus dem In- und Ausland – etwa aus Tourismusregionen – auf E-Kutschen-Probefahrt.

Adresse Untere Gyseneggstrasse 2, 8784 Braunwald, www.schuler-transporte.ch | **ÖV** S 6, S 25 nach Linthal Braunwaldbahn | **Anfahrt** A 3, Ausfahrt 44 Niederurnen, auf der N 17/Hauptstrasse bis Linthal Braunwaldbahn und per Bahn hinauf | **Tipp** Die hübschen Rosengärtchen, etwa beim Märchenhotel oder beim Restaurant Hüttenboden, wurden zur Erforschung der Rosenzucht in Höhenlagen angelegt.

7 Die Orenplatte

Wo bitte ist hier das Gasthaus?

Die Orenplatte ist wie eine Einladung. Eine Einladung, Rast zu machen – und einfach nur zu schauen. Denn von der grasgrünen Wiesenterrasse auf 1.377 Metern über Meer, über der mehr als 700 Meter hohen Steilwand von Diesbach, präsentieren sich einem die höchsten Glarner: der Tödi mit weisser Firnkappe, der Vorderglärnisch mit seiner massiven Vorderseite, der Zahn des Ortstocks.

Diese Aussicht haben heute vier oder fünf kleine Chalets für sich. Dabei war die Orenplatte einst ein Ausflugsziel mit Gasthaus und Luftseilbahn. Hans Zweifel-Rüedi aus Diesbach hatte sich im Jahr 1937 einen Traum verwirklicht: Er kaufte am Berg oben ein Bauernhaus und baute es zu einer stattlichen Sommerwirtschaft mit einem Aussenbereich aus. An der Planung, Bauleitung und Installation der Seilbahn war er ebenfalls beteiligt. Nur eine einzige Kabine war auf den Seilen, welche in den Kriegsjahren schwer zu beschaffen und von minderer Qualität waren, im Einsatz.

Elsbeth Zweifel, die Tochter von Hans Zweifel-Rüedi, hat ihre Kindheitserinnerungen aus den 1940er Jahren in ihrem Buch «Ein Bündel Zeit» niedergeschrieben. Darin schildert sie, wie am Berg stets die Gefahr lauerte: Lawinen, Steinschlag, Abstürze in die Schlucht. Tatsächlich wurde das Gasthaus 1955 wegen der potenziellen Gefahren geschlossen. Auch die notwendigen Investitionen für die Betriebsbewilligung der Luftseilbahn konnten nicht mehr getätigt werden.

Nach Zeugen dieser Gastwirtschaft und der Bahn muss man Ausschau halten. In den 1980er Jahren wurden alle Überreste beseitigt. Die ehemalige Ausflugsterrasse ist zu einer Alpweidenterrasse geworden. Nur ein einsamer rostiger Teil eines Mastes – nahe bei der Felswand – ist als Zeuge übrig geblieben. Er ist nicht leicht zu finden. In der Nähe der Ferienchalets versteckt er sich. Ahornbäume umwuchern ihn wie zur Tarnung. Sogar ein Tännchen wächst inmitten des Mastes hoch.

Adresse Orenplatte, 8784 Braunwald | ÖV S 6, S 25 nach Linthal Braunwaldbahn | Anfahrt A 3, Ausfahrt 44 Niederurnen, auf der N 17/Hauptstrasse bis Linthal Braunwaldbahn, von der Bergstation auf dem Höhenweg via Schwettiberg über einen Wiesenpfad bis Orenplatte | Tipp Wer Richtung Oberblegisee weiterwandert, kommt zum Alprestaurant Bächistübli.

8 Das Ortstockhaus

Alpine Moderne aus dem Jahr 1931

Drinnen zwei gemütliche Gaststuben, in helles Holz gekleidet, mit Stühlen und Tischen aus der Möbelfabrik horgenglarus. Draussen eine grosse Terrasse mit roten Tischen und Stühlen. So präsentiert sich das Ortstockhaus auf der oberen Braunwald-Alp auf 1.786 Metern über Meer. Ein entspanntes, unkompliziertes Gasthaus mit einem speziellen Grundriss: Der leicht gebogene Körper öffnet sich wie eine Theaterarena zum Tal und vor allem zum Bergpanorama hin. Auch der mächtige Namensgeber, der über 2.700 Meter hohe Ortstock, liegt im Blickfeld.

Gebaut hat es der bedeutende Architekt Hans Leuzinger – er prägte das Neue Bauen im Glarnerland – im Jahr 1931. Braunwald war schon nach der vorletzten Jahrhundertwende als sommerlicher Luftkurort bekannt. 1928 fuhr die Braunwaldbahn dann erstmals auch durch den Schnee auf die Sonnenterrasse. Es waren die Anfänge des Wintertourismus in den Schweizer Alpen. Mit dem Sporthaus für Sommer- wie auch Wintergäste wollte Leuzinger alpine Tradition, Innovation und Landschaftsbezogenheit verbinden. So hat er den hölzernen Fachwerkbau mit schwarzen Eternitplatten als Fassade verkleidet. Ein Haus in den Bergen, in dem Städter einkehren, solle nicht ein bäuerliches, sondern ein modernes Kleid tragen, so die Überzeugung von Leuzinger. Ein typisches architektonisches Merkmal der 1930er Jahre ist auch das Fensterband mit roten Fensterläden im Erdgeschoss, leicht vorgekragt, sodass die Horizontalität optisch verstärkt wird.

2016 wurde das Gasthaus nach denkmalerischen Grundsätzen saniert, erneuert und teilweise auch zurückgebaut. So bekam es nach den ursprünglichen Plänen von Hans Leuzinger seinen klaren Stil und seine Offenheit zurück. Als architektonischer Zeitzeuge heisst das Ortstockhaus heute Wanderer und Skifahrer herzlich willkommen – in einer schön schlichten Stube mit viel Wärme und natürlichem Retro-Charme.

Adresse 8784 Braunwald, www.ortstockhaus.ch | Anfahrt mit Braunwaldbahn und dann mit Gumen- oder Grotzenbüel-Gondel hoch, auf Panoramawanderweg 45 Minuten zu Fuss | Öffnungszeiten Mitte Dez.–Mitte März 9–17 Uhr, Mitte Juni–Mitte/Ende Okt. 9–18 Uhr | Tipp Die Klettersteige auf den Eggstöcken bieten Routen für jedes Niveau. Die Ausrüstung kann beim Berggasthaus Gumen bezogen werden.

9 Der Zigerstöckli-Bau

Ein Haus ohne Ecken und Kanten

Wer mit der Gondel von Braunwald Hüttenberg zum Grotzenbüel schwebt, schaut direkt hinab auf das runde, moderne Haus. Das Dach ist begrünt, es erinnert von oben also auch farblich an den kleegrünen Glarner Schabziger. Mit dem «Zigerstöckli» haben sich zwei ihre Träume erfüllt: Architekt Markus Hermann aus Braunwald hatte schon länger die Idee, ein rundes Holzhaus – ein Zigerloft – zu bauen. Und ein Bauherr aus dem Unterland, stark mit der Natur und dem Glarnerland verbunden, wünschte sich einen eigenständigen Rundbau als Wohn- und Ferienhaus. Vor wenigen Jahren ist das Projekt fertiggestellt worden.

Tatsächlich: Alles ist rund beim dreigeschossigen Zigerstöckli. Die gebogenen Wände, die runde Decke, selbst die teils gebogenen Verglasungen sind eine Spezialanfertigung. Auch der Innenausbau, die geschwungene Küche aus Lärchenholz, der mit Kupferblech bekleidete Speicherofen im Wohnraum und die Treppen sind individuell gestaltete Unikate.

Aussergewöhnlich am Zigerstöckli sind aber nicht nur Grundriss und Geometrie. Das Haus steht am Hang auf 1.400 Metern über Meer, gleich neben der Seilbahn. Die präzise vorgefertigten Holzbauteile wurden per Helikopter angeliefert und vom Baustellenteam sofort montiert. Auch das wechselnde Bergwetter, das steile Gelände und die Bahnseile in kurzer Distanz, welche die Anflugmöglichkeiten des Helikopters eingrenzten, waren aussergewöhnliche Herausforderungen.

Ein bisschen wie eine Trutzburg mutet der Turmbau an. Nur durch die grossen Fenster im Erdgeschoss lässt sich im Innern viel Holz ausmachen, viel Raum, Helligkeit. Eindrücklich muss es sein, sich hier zu entspannen und den Blick über das Bergpanorama wandern zu lassen. Eindrücklich ist aber auch der Blick von aussen, auf die Fassade aus gespaltenen Lärchenschindeln, welche Patina angesetzt haben. Das Zigerstöckli ist zu einem Wahrzeichen von Braunwald geworden.

Adresse Gross Sytenstrasse 5, 8784 Braunwald | ÖV S 6, S 25 nach Linthal Braunwaldbahn | Anfahrt A 3, Ausfahrt 44 Niederurnen, auf der N 17/ Hauptstrasse bis Linthal Braunwaldbahn, von der Bergstation mit Kutsche oder 30 Minuten zu Fuss | Öffnungszeiten nur von aussen zu besichtigen | Tipp Die Dorfkirche ist auch eine Schlafstätte: Im Kirchturm befinden sich Zimmer mit insgesamt 42 Betten.

10 Das Hacker-Hotel

Im Stübli wird digitale Kost serviert

Natur und hohe Berge. Frische Luft. Plätschernde Bäche und stille Dörfer. Man könnte denken, das seien nicht unbedingt die Faktoren, die Computer-Nerds in ihren Bann ziehen. Weit gefehlt! Zumindest die IT-Fachleute der Firma Ungleich Glarus AG sind ganz begeistert davon. Ja, und auch vom schnellen Internet, welches das Glasfasernetz hinten im Grosstal bietet.

Bewusst sichtbar ziehen sich die grünen Glasfaserkabel durch die Räume mit dem knarrenden Holzparkett des ehemaligen Gasthauses Diesbach. Es dient nun als Haus für digitale Bildung. Wo einst im Diesbachstübli unter einer Stuckdecke diniert wurde, befindet sich ein Hacking-Raum mit grossem Monitor und einem zu Testzwecken ausgeweideten Server. Der Saal im ersten Stock mit gravierten Milchglastüren ist der Seminarraum. Noch hängt die gerahmte Porträtgalerie der Feldschützengesellschaft Diesbach an der Wand. Darüber bieten die geräumigen Hotelzimmer mit Deckenmalereien Schlafmöglichkeiten für ein internationales Publikum.

Zahlreiche Praktikumsanfragen haben die Ungleich AG auf die Idee gebracht, eine Privatschule mit Kleinkursen für technisch Interessierte, auch Quereinsteiger, anzubieten. In zwölfwöchigen Bootcamps sollen die Themenblöcke Programmieren, Netzwerk, Systemverwaltung sowie Sicherheit/Hacking vermittelt werden. Hacken ist dabei im ursprünglichen, positiven Sinn zu verstehen: Technik erforschen, experimentieren, testen, Lücken im System entdecken, um mehr Sicherheit einzubauen.

So beleben temporäre Informatik-Wohngemeinschaften das charaktervolle Hacker-Hotel, wo der Blick vom Monitor auch mal die umliegenden Berge entlangwandert. Wer sich über Software und Systeme informieren will, kann vorbeikommen. Und selbst wenn der jahrhundertealte Holzboden manchmal knarzt und das Mobiliar von gestern erzählt – heute kann man dank grünem Glasfaserkabelnetz digital an der Zukunft tüfteln.

Adresse Hauptstrasse 28, 8777 Diesbach, www.ungleich.ch | ÖV S 6, S 25 nach Diesbach-Betschwanden, ab Bahnhof zu Fuss zehn Minuten über die Bahnhof- zur Hauptstrasse | Anfahrt A 3, Ausfahrt 44 Niederurnen, auf der N 17/Hauptstrasse bis Diesbach fahren | Tipp Der Naturlehrpfad Diesbach startet bei der Feuerstelle auf der anderen Seite der Linth zwischen Diesbach und Betschwanden.

11 Das Legler-Areal

«Viele trugen Jeansstoff von uns am Hintern»

In Diesbach rauscht und donnert der Wasserfall, es weht ein Pioniergeist. Und wenn Wasserkraft und Ideen zusammenfliessen, kann Grosses entstehen. Wie etwa der bedeutende Textilkonzern Legler. Bis heute thronen die mehrgeschossigen Produktionsgebäude mitten im Tal. Die Anfänge gehen zurück ins Jahr 1857, als hier zuerst gewoben und später auch Garn gesponnen wurde.

Pionierhaft war auch die Energiegewinnung: 1888/89 setzte Legler auf Elektrizität. Es entstanden ein Hochdruckkraftwerk und eine elektrische Fernleitung vom Diesbachfall zum Fabrikareal. Das war damals die erste Anlage dieser Art in der Schweiz. Bereits 1875 hatte man ins Ausland expandiert und eine weitere Spinnerei / Weberei in Ponte San Pietro bei Bergamo gegründet. Die Firma wurde von dort geführt. Ab 1954 leitete die dritte Generation das Unternehmen, Matteo Legler und Fredy Legler. Dank Kontakten zur Modewelt konnten bedruckte Stoffe für die Haute Couture fabriziert werden.

Als Fredy Legler Ende der 1960er Jahre den Chef des Jeans-Herstellers Wrangler kennenlernte, überzeugte ihn dieser, Denim herzustellen. So begann man 1973 als erstes europäisches Textilunternehmen, echten Denimstoff zu produzieren. Zuerst in Italien, dann an weiteren Standorten, auch in Diesbach. Als Marktleader fertigte Legler pro Jahr zehn Millionen Meter Denim, später noch mehr. Sogar die Direktoren trugen oftmals Jeans zur Arbeit. «Wir haben für alle produziert, für Levi's und für Wrangler, einfach für alle. Jeder vierte oder fünfte Europäer trug einen Denimstoff von uns am Hintern», formulierte es Fredy Legler einst in einem Interview im Jahr 2001.

Es war dasselbe Jahr, in dem die Produktion in Diesbach schliessen musste, nachdem die Fabrik in Norditalien schon früher verkauft worden war. Nach 144 Jahren war eine Textilära zu Ende gegangen. Nur das markante Areal der Legler & Cie. thront als Zeuge mitten im Tal.

Adresse Maschinenstrasse, 8777 Diesbach | **ÖV** S 6, S 25 nach Diesbach-Betschwanden, ab Bahnhof 700 Meter zu Fuss | **Anfahrt** A 3, Ausfahrt 44 Niederurnen, auf der N 17/ Hauptstrasse bis Diesbach, nach dem ehemaligen Gasthaus Diesbach rechts abbiegen auf Maschinenstrasse | **Tipp** Der Diesbachfall ist ein Naturspektakel. Man kann eine kleine Rundwanderung machen oder am Grillplatz beim Wasserfall rasten.

12 Das Altersheim

Zwei Geheimnisse im Dorf Elm

Wieso die hübschen, sonnenverbrannten Strickbauten im Elmer Dorfkern, die teilweise mit alten Fall- und Schiebeläden sowie Blockfenstern versehen sind, so gut erhalten sind? Das Geheimnis: Schon vor Jahrhunderten verwendete man für den Bau Mondholz. Die heimischen Fichten wurden von Oktober bis Januar bei abnehmendem Mond und trockener Luft gefällt und bis ins Frühjahr mit den Ästen im Wald liegen gelassen. Diese Methode führt dazu, dass das Holz härter ist und nicht fault.

Das stattlichste Holzhaus in Elm mit seinen schmucken Balkonen ist das Sernftaler Altersheim. Gebaut wurde es 1898 als modernes Belle-Époque-Kurhotel mit einer prächtigen grossen Parkanlage. Schon 1893 hatte man die Quellen im Gschwänd mit dem eisenhaltigen Mineralwasser gefasst und dort ein Badehaus errichtet. Mit Maultieren wurden die Leute dorthin transportiert. Bis man eine Wasserleitung zum neu gebauten Kurhotel legte. Von da an konnten sich die internationalen Gäste Trink- und Badekuren mit Elmer Mineralwasser gönnen. Oder durch den idyllischen Park – damals mit Swimmingpool – flanieren, die Aussicht auf den Hausstock geniessen und frische Bergluft atmen.

Mit dem Ausbruch des Ersten Weltkriegs versiegte der Besucherstrom. Das Kurhotel wurde geschlossen. Kommen die Gäste nicht zu uns, dann bringen wir das Elmer Wasser eben zu ihnen, dachte sich wenig später der findige Kurhausbesitzer. 1925 begann er, im Keller des Hotels «Elmer Sprudel» abzufüllen und zu verkaufen. 1927 setzte er dem Mineralwasser Zitronengeschmack zu – das «Elmer Citro» war geboren. Angeblich soll das Öl der Zitronenschale eine Rolle bei der fruchtigen Mischung spielen. Das genaue Rezept ist aber bis heute geheim geblieben. Überliefert ist dafür ein anderes Elmer Zitronenwasser-Rezept aus den 1960er Jahren. Zumindest die damaligen Schulkinder hatten Freude daran: Wasser, etwas Zucker, Zitronenzeste und ein wenig Rotwein, aber nur ein Schlückchen.

Adresse Wiese, 8767 Elm | ÖV S 6, S 25 nach Schwanden und Bus 541 nach Elm Altersheim | Anfahrt A 3, Ausfahrt 44 Niederurnen, auf der N 17/ Hauptstrasse nach Schwanden, Abzweigung nach Elm | Öffnungszeiten nur von aussen zu besichtigen | Tipp Der Elmer Citro-Quellenweg ist ein Spazier-Rundweg für die ganze Familie.

13 Die Bienenstadt

Wo Königinnen auf Hochzeitsreise gehen

Es summt und brummt zuhinterst im Sernftal auf 1.500 Metern über Meer unter der Alp Obererbs. Etwa 200 Plattformen mit Styropor-Kästchen stehen am Hang verteilt. Vor einigen herrscht emsiges Bienentreiben. Andere Kästchen scheinen unbelebt.

Hier, auf der Belegstation der Dunklen Biene, gehen Königinnen auf Hochzeitsflug. Einst war die *Apis mellifera mellifera* die einzige Honigbiene nördlich der Alpen. Heute ist sie vom Bienensterben bedroht. Die Dunkle Biene ist gut an unser Klima und unsere Flora angepasst und bestäubt gern Wildblütenpflanzen. Ihr schwarzer Panzer wärmt sich schon mit wenig Sonnenschein rasch auf, so fliegt sie auch noch bei kühleren Temperaturen herum. In der Schweiz sind etwa zehn Prozent aller Bienenvölker reinrassige *Apis mellifera mellifera*.

Bereits 1977 entstand im Sernftal das erste und grösste Schweizer Schutzgebiet für die Dunkle Biene. Nur diese Rasse darf gezüchtet und gehalten werden. Die Kästchen auf der abgelegenen Waldlichtung sind eigentlich «Stundenhotels»: Junge Zuchtköniginnen werden zur Paarungszeit auf die Belegstation gebracht. In den Begattungskästchen sorgen kleine Völkchen von etwa 1.000 Bienen – ohne Drohnen, also ohne männliche Bienen – für die Königin.

Die Völker mit den Dröhnerichen aus Glarner Herkunft stehen 200 Höhenmeter weiter unten. So sind die Drohnen im Frühling rechtzeitig bereit, wenn die Königinnen aus den flacheren Regionen auf die Belegstation kommen. Dann kann die Hochzeitsreise beginnen. Im Flug werden die Jungfrauen von den reinrassigen Drohnen begattet. Bei gutem Wetter fliegt die Königin mehrmals aus, bis ihre Samenblase ausreichend gefüllt ist. Im Schnitt sind es 15 Begattungen. Hat die Drohne ihre Aufgabe erledigt, stirbt sie. Die begattete Königin wird von Imkerinnen und Imkern in ihrem Kästchen abgeholt und beginnt dann mit der Arbeit, dem Eierlegen, wobei sie bis zu 2.000 Eier am Tag legt.

Adresse Maschinenweg Endiwald, 8767 Elm | ÖV S 6, S 25 nach Schwanden, Bus 545 bis Elm Büelstafel | Anfahrt A 3, Ausfahrt 44 Niederurnen, auf der N 17/ Hauptstrasse nach Schwanden, Abzweigung nach Elm, hinter Elm bei der Verzweigung zum Skihaus Oberers parkieren, Strasse oder Wanderweg etwa zur Hälfte den Hang hinauflaufen | Tipp Wer etwas höher steigt, kann den einfachen Höhenweg vom Skihaus Obererbs zum Ämpächli begehen.

14 Die Hotellobby

Alles halb so wild – ein Krimi im Sardona

Ein reicher arabischer Investor will ein Wellnessresort im fiktiven Schweizer Bauerndorf «Oberwies» bauen. Er fliegt mit dem Helikopter ein, logiert im Hotel Bellevue. Das erzählt uns die erste Staffel der TV-Krimiserie «Wilder», die 2017 im Schweizer Fernsehen ausgestrahlt wurde. Es gibt darin zwölf tote Kinder, einen toten Künstler, einen Suizid und einen Mörder. In der Hotellobby lädt der Investor anlässlich des Spatenstichs für sein Projekt zum Fest. Das ganze Dorf kommt zusammen – die Projekt-Befürworter, die Gegner, die Presse, auch Ermittlerin Rosa Wilder (Schauspielerin Sarah Spale) und der Bundeskriminalbeamte Manfred Kägi (gespielt von Marcus Signer) wohnen dem Event bei.

Oder anders gesagt: 15 Schauspieler, 45 Crewmitglieder, 80 Statisten und ein Geissbock sind bei dem Dreh der Hotelszenen mit dabei. Nicht im Bellevue – der reale Schauplatz der Szenen ist das Hotel Sardona. Dabei ist die Lobby dieses Hotels auch ohne Kameras ein Erlebnis, zumindest für Retro-Fans. In der Hotel-Pyramide, gebaut 1977, steht noch die Original-Möblierung an der Rezeption, der Bar, in der Lobby. Senfgelb und Schokoladebraun sind die dominanten Farben: Dunkelbraune, mit Cordstoff überzogene Fauteuils, Bambustischchen, gelbe Keramikkacheln, die eine Bambuswand imitieren. Runde Lampenkugeln hängen über der geschwungenen dunkelbraunen Bar.

Das Hotel Sardona ist in die Jahre gekommen, ganz klar. Es hat auch eine bewegte Geschichte mit mehreren Leitungswechseln hinter sich. Als Location für Foto- und Filmaufnahmen kann es aber noch Karriere machen. Man übernachtet hier in einer Zeitblase und macht eine Reise in eine Filmkulisse. In «Wilder» steht die 70er-Jahre-Lobby des Sardona einmal im Rampenlicht. Bis Rosa Wilders Vater aus Protest mit seinem Geissbock auftaucht und Action in die feierliche Szene kommt. Und das bockige Tier allen die Show stiehlt.

Adresse Obmoos, 8767 Elm, www.sardona.ch | ÖV S 6, S 25 nach Schwanden, Bus 541 nach Elm Obmoos | Anfahrt A 3, Ausfahrt 44 Niederurnen, auf der N 17/ Hauptstrasse nach Schwanden, Abzweigung nach Elm | Tipp Beim Gasthaus Sonne (Dorf 24) gibt es hausgemachte Glace, auch im Becher zum Mitnehmen.

15 Das Mörderhorn

Gipfel der Phantasie

Ein Berggipfel, der «Mörder» – oder «Mörderhorn», wie auf neueren Karten steht – getauft wird, der muss etwas verbrochen haben, oder? «Da haben wohl ganz früher mal ein paar miteinander gschläglet», vermutet ein Einheimischer. «Vielleicht leitet sich der Name von einem alten Flurnamen ab», meint ein anderer.

Furchteinflössend sieht er ja nicht aus, der bucklige Gipfel aus Gras und Fels am langen Kamm, der im 90-Grad-Winkel auf die Tschinglenhörner mit dem berühmten Martinsloch zuführt. Er schliesst das Erosionsbecken über der Tschinglenschlucht ab. Bezwingen kann man den 2.395 Meter hohen Mörder auf einer Wanderung von Tschinglen auf einem Bergweg Richtung Segnespass und etwas weiter über den grasigen Hang auf den Gipfelgrat. Sogar Homer Simpson – ja, der aus der TV-Serie «Die Simpsons» – hat das Mörderhorn, den höchsten Berg in der Nähe von Springfield, bestiegen. Als Werbegag für eine Apfelmus-Riegel-Firma. Nur sah das Mörderhorn in der Trickfilmserie eher wie das Matterhorn aus.

Was aber macht den Berg nun wirklich zum Mörder? Historiker Fritz Zopfi löst das Geheimnis in seiner etymologischen Abhandlung auf: «Mörder» ist eine Abwandlung des rätoromanischen Begriffs «Mortér», der erst zu «Murtér» und dann zu «Mörder» umgewandelt wurde. Der Name geht zurück auf den lateinischen Begriff *mortarium* – Mörser. Bezeichnet wurden im Romanischen damit Hochweiden für Jungvieh und Schafe sowie darüberliegende Gipfel. Tatsächlich liegen unterhalb des Mörderhorns auf der nördlichen, steilen Felsseite die Weiden der Alp Falzüber, auf der südlichen die der Alp Tschinglen. Die Bezeichnung geht also auch auf das Naturphänomen des Steinschlags zurück. Gut vorstellbar, dass sich vom brüchigen Schiefer des Mörderhorns früher wie auch heute kleine Geröllawinen lösen, die weidende Tiere erschlagen. Keinen Mord, aber Totschlag könnte man dem Berg also vielleicht anlasten.

Adresse 8767 Elm | ÖV S 6, S 25 nach Schwanden und Bus 541 nach Elm Dorf | Anfahrt A 3, Ausfahrt 44 Niederurnen, auf der N 17/Hauptstrasse nach Schwanden, Abzweigung nach Elm | Tipp Mit der Tschinglen-Gondel kommt man dem Mörder näher. Die Fahrt in die spektakuläre Tektonikarena Sardona ist sehr unterhaltsam, auch weil ein kurzes Hörspiel viele Informationen vermittelt.

16 Das Müslihoschet

Ein Fussweg führt mitten durch das Gebäude

Das dreistöckige Blockhaus steht am Dorfeingang von Elm. Erbaut wurde das «Müslihoschet» im Jahr 1822. Das verrät die Inschrift: «Bau Herr Tagwenvogt Rudolf Freitag 1822. Dieses Haus Gebt in Gottes Hand. Gott behütt es vor Feur und aller Gefahr.» Dem Bauherrn selbst hat die fromme Hausschrift wenig genützt. Zwei Jahre später wurde er von einem Stück Holz erschlagen.

Das Spezielle an diesem stattlichen Bauernhaus? Der Kirchweg führte mitten durch das Gebäude, zumindest bis zur Renovation 2013. Der Autor Franz Hohler hat dies in der «Steinflut» literarisch aufgegriffen. Im Buch laufen die Kinder Katharina und Kaspar von Elm aus zur Grossmutter, die am Hang wohnt, «Bleiggen» heisst die Strasse: «Der Weg führte direkt zu einem grossen Haus, das an den Abhang gebaut war. Ohne zu klopfen, öffnete Katharina die Eingangstür, und die beiden standen in einem Flur. ‹Hier geht der Weg durch›, sagte Katharina. Sie gingen durch den dunklen Flur. Auf beiden Seiten gab es Türen, aber alle waren geschlossen. Sie stiegen die Treppe hoch, die in den oberen Flur führte. Steil war sie, und die Stufen knarrten. Im oberen Stock kamen sie in einen Vorraum mit vier Türen. Keine stand offen. Schnell stieg Katharina mit Kaspar die nächste Treppe hoch, und dann rannten sie durch den Korridor zum oberen Hinterausgang des Hauses.»

Den Grund für diesen Weg mitten durch ein Haus kennt die Oma: «Weil der Weg schon immer dort durchging, bis einer ein Haus darüber baute, und als man merkte, dass es genau auf dem Kirchweg stand, hat man ihm befohlen, alle dort durchzulassen, die von der Bleiggen ins Dorf gingen oder vom Dorf in die Bleiggen. Und das ist heute noch so.»

Hohlers Novelle spielt 1881. Am 11. September 1881 erlebte Elm die schlimmste Naturkatastrophe, sein eigenes 9/11: Gesteinslawinen zerstörten einen grossen Teil des Dorfes – das Müslihoschet blieb stehen.

Adresse Müsliweid 10, 8767 Elm | ÖV S 6, S 25 nach Schwanden, Bus 541 bis Elm Dorf | Anfahrt A 3, Ausfahrt 44 Niederurnen, auf der N 17/Hauptstrasse nach Schwanden, Abzweigung nach Elm, am Dorfeingang nach der Truppenunterkunft das Strässchen rechts nehmen | Öffnungszeiten nur von aussen zu besichtigen | Tipp Faszinierend ist eine Führung durch die ehemalige Schiefertafelfabrik Elm (www.landesplattenberg.ch/schiefertafelfabrik-elm).

17 Der Pfarrhausblick

Ein Bänkchen im Gandwald lässt tief blicken

Anfang des letzten Jahrhunderts flanierten und stiegen die Gäste des Kurhotels durch den Gandwald zu Berg. Der «Kurhausweg» führt als Themenweg auf grossen bemoosten Steinplatten durch den grössten Bergahornwald im Glarnerland. Im Schatten der Baumkronen im Waldreservat fühlt sich ein Pflänzchen besonders wohl: Der Turinermeister ist eine nur im Süden vorkommende Art des Waldmeisters. In Elm gedeiht er dank dem Föhn.

Das Naturreservat ist vorwiegend Laubwald, jedoch haben auch ein paar Fremde, Nadelhölzer wie Fichten und Tannen, Terrain erobert. Wohl schon zu Zeiten der Kurhausgäste war der Aussichtspunkt im oberen Teil des bewaldeten Hangs bekannt. Er gibt die Sicht frei auf das Martinsloch gegenüber. Und lässt auch talwärts tief blicken, direkt hinab aufs Dorf Elm. Das heisst, solange die Bäume nicht zu hoch wachsen. Genau deshalb zogen vor vielen Jahren der Elmer Förster und seine Holzarbeiter aus, um die zu hohen Baumspitzen und die nadligen Eindringlinge mit der Motorsäge zu kürzen. Wenig begeistert vom Motorengeräusch in seinem ruhigen Dorf, monierte der Pfarrer daraufhin im Pfarreiblatt den Lärm im Gandwald, der die friedlichen Sommerferien störe.

Statt mit dem Pfarrer zu diskutieren, blieb der Förster stumm. Doch zwei Wochen später, nach dem Holzschlag, stand beim Aussichtsbänkli plötzlich eine Tafel mit der Aufschrift «Pfarrhausblick». Dass dank gekürzter Baumwipfel und ohne Fichten und Tannen im Weg die freie Sicht hinunter auf den Dorfkern möglich war, das konnte schliesslich auch den Pfarrer nicht stören. Dass bald darauf der Pfarrer und der Förster gemeinsam zur Gärtnerei fuhren, um eine Trauerweide für den Pfarrgarten auszusuchen, durfte sicher als Zeichen der Eintracht gewertet werden.

Die Namenstafel im Gandwald steht übrigens nicht mehr. Aber alle Einheimischen kennen den Aussichtspunkt mit der Holzbank als «Pfarrhausblick».

Adresse 8767 Elm | ÖV S 6, S 25 nach Schwanden, Bus 541 nach Elm Dorf; Beginn des Kurhaus-Fusswegs an Umfahrungsstrasse, 50 Meter unterhalb der Mineralquellen Elm | Anfahrt A 3, Ausfahrt 44 Niederurnen, auf der N 17/Hauptstrasse nach Schwanden, Abzweigung nach Elm | Tipp Durchs Fernrohr beim Martinsrössli am Friedhof gucken und den Hebel drücken. Voilà – schon scheint im «Elmer Pin-up» die Sonne durch das Martinsloch.

18 Das Blumer-Haus

Nächster Halt: Haus des Gründers der Sernftalbahn

Das unauffällige Wohnhaus an der Strasse kennt man im Dorf als «Alte Bank». Tatsächlich, 1942 war hier die Ersparniskasse Sernftal eingezogen. Die Anwohner kamen, um Geld zu leihen, abzuheben oder einzuzahlen. Gut möglich, dass sie damals sogar mit der Bahn zur Bank fuhren. Denn bis 1968 hielt noch die Sernftalbahn direkt vor dem Haus, Haltestelle Engi-Hinterdorf.

Zuvor war das Gebäude das Wohnhaus von Leonhard Blumer (1844–1905), dem späteren Ständerat und Gründer der Weberei Sernftal und der Sernftalbahn, gewesen. Ein prächtiges Haus, das damals in voller Blüte stand: Laubsägeverzierungen am Giebel und an den Balkonen, geschmückt mit Blumentrögen voller Geranien.

Leonhard Blumer hatte 1864 die Weberei Sernftal ins Leben gerufen. Produziert wurden – mit Hilfe der Wasserkraft des Mühlebachs – Hemdenstoffe, Damast, Frottiertücher und Heimtextilien. Schon bald kam die Idee einer Bahnverbindung ins Sernftal auf, besass das Grosstal doch bereits eine Bahn von Glarus nach Linthal. 1889 wurde unter dem Vorsitz von Leonhard Blumer ein Antrag auf die Erteilung einer Konzession für die Benützung der Landstrasse für die schmalspurige elektrische Bahn nach Elm gestellt. Und ebenso eine Konzession für die Nutzung der Wasserkraft des Sernf beantragt. Von der Landsgemeinde gutgeheissen, verzögerten unterschiedliche Interessen das Projekt dennoch um viele Jahre. Erst als man den Energiebezug aus der Wasserkraft des Mühlebachs statt des Sernf einplante, kam das Projekt ins Rollen. Die Strasse wurde zum Bahntrassee. Am 12. September 1905 wurde die neue Strecke eingeweiht.

Bei der Eröffnungsfeier der Sernftalbahn hielt ein Extrazug in Engi-Hinterdorf, direkt vor dem Haus von Leonhard Blumer. Der Gründer selbst war bereits sehr krank. Den Dank des damaligen Landammans konnte er aber entgegennehmen – von seinem blumengeschmückten Balkon aus.

Adresse Sernftalstrasse 98, 8765 Engi | ÖV S 6, S 25 nach Schwanden, Bus 541 bis Engi Hinterdorf | Anfahrt A 3, Ausfahrt Niederurnen, auf der N 17/Hauptstrasse bis Schwanden, Abzweigung Elm nehmen und bis Engi-Hinterdorf fahren | Tipp Im Fabrikladen der Frottierweberei Weseta gibt es die weichste Frotteewäsche von höchster Qualität zu niedrigen Preisen (Mi 13–16 Uhr, Sa 8–12 Uhr).

19 Die Feinbäckerei

Koschere Tortenböden und Zigerklee-Truffes

Schon verschiedene Glarner Produkte haben die Welt erobert. Da war zuerst der Ziger. Der Molke-Frischkäse war im 15. Jahrhundert das erste Markenprodukt, mit dem Handel getrieben wurde. Später wurden die vielen Textilprodukte zu Exportschlagern. Seit über 30 Jahren wird aber ein anderes Produkt von Engi im Sernftal in alle Welt geliefert: Teigschalen in Bio-Knospe-Qualität. Die Glarner Feingebäck AG stellt die Tortenböden her – in verschiedensten Formen und Rezepten. Seit gut 25 Jahren tragen die Teigschalen auch das «Orthodox Union Koscher»-Zertifikat aus den USA. Beliefert werden etwa Märkte in den USA, im Nahen Osten, in Taiwan und Singapur.

Ulrich Fäs, Besitzer und CEO des Unternehmens, setzt aber auch auf weitere Standbeine: Gebäck für Bäckereien sowie Desserts für Fluggesellschaften, Gastro- und Grossverteiler. Seine bis zu 30 Mitarbeiter backen und produzieren im Areal der ehemaligen Weberei Hefti flexibel je nach Kundenbestellung – und sehr vieles in Handarbeit. In einem Backraum werden Kuchenbleche mit Aprikosen belegt. In einem zweiten Raum stechen Mitarbeiterinnen Zimtsterne für die Weihnachtsproduktion aus. Dahinter werden Mandeln für die Schokolade karamellisiert.

Ja, auch Schokolade kommt aus der Feinbäckerei: Sorten von Bruchschokolade. Klassische und saisonale Pralinés. Mit Innovationsgeist hat man zudem einige Glarner Spezialitäten entwickelt: etwa Ziger-Truffes und Magenträs-Truffes. Die erste Sorte, mit Bockshornklee ummantelt, gibt den Pralinés ein leichtes Aroma von grünem Tee. Die zweite, mit Magenträs-Gewürz, verführt mit einem Hauch Lebkuchengeschmack. In Schokolade verewigt haben die Feinbäcker zudem einige Urglarner – das sind Fossilien von Kaninchenfisch, Schildkröte und einer Vogelart. Naheliegend eigentlich, wurden die steinigen Originale doch in den Engi-Schiefern in Sichtweite der Bäckerei gefunden.

Adresse Sernftalstrasse 92, 8765 Engi, www.feinback.ch | ÖV S 6, S 25 nach Schwanden, Bus 541 bis Engi Hinterdorf | Anfahrt A 3, Ausfahrt 44 Niederurnen, auf der N 17/ Hauptstrasse bis Schwanden, Richtung Elm abbiegen und auf der Sernftalstrasse bis Engi-Hinterdorf fahren | Öffnungszeiten Fabrikladen: Mo – Fr 6 – 17.30 Uhr | Tipp Im Landesplattenberg, wo früher Schiefer abgebaut wurde, gibt es Führungen (www.landesplattenberg.ch).

20 Die Aeugstenbahn

Der 24-Stunden-Höhenweltrekord-Berg

Man muss den Kopf in den Nacken legen, wenn man der Achtergondel der Aeugstenbahn folgen und sehen will, wie sie entschwebt. Von Ennenda aufwärts, über den Baumwipfeln des Rotrisi- und Bitziwaldes, überwindet sie die fast 1.000-Höhenmeter-Steilwand hinauf auf den Bärenboden. Wer diesen Aufstieg zu Fuss geht, auf direktestem Weg, läuft drei Kilometer auf einem schmalen, unebenen Pfad sehr steil hinauf. Ganz schön anspruchsvoll! Erst recht, wenn man diese Bergstrecke gleich mehrmals – ja sogar über 20 Mal – hintereinander läuft. So wie der Ausdauerathlet Friedrich Dähler am 20. Juni 2015.

Es ist neun Uhr morgens, das Wetter zeigt sich nasskalt, als der Baselbieter den Versuch eines 24-Stunden-Höhenweltrekords startet. Zwischen 48 und 57 Minuten benötigt er jeweils für den Drei-Kilometer-Berglauf. Und danach nur 7,5 Minuten mit der Bahn wieder hinunter. Tatsächlich gaben die schnelle Retourfahrt mit der Bahn und eine sehr steile Wegstrecke mit vielen Höhenmetern, aber nicht zu hoch gelegen, auch den Ausschlag dafür, dass Friedrich Dähler sich für Ennenda entschied. Bei Regen bergauf, vorbei an Fotofallen und Stationen für die Verpflegung – diese bestand praktisch nur aus flüssiger Nahrung –, und dann gleich wieder hinunter. Ruhepausen gab es nur beim Hinunterschweben mit der Gondel. Nach jeder Runde ein kurzer Check des physischen Zustands. Nach 20 Stunden, um sechs Uhr morgens, war die bisherige Rekordmarke von 17.000 Höhenmetern geknackt. Doch der Bergläufer entschied sich weiterzumachen. Nach 24 Stunden, 21 Runden und insgesamt 20.407 Höhenmetern hatte er den Weltrekord geschafft – dokumentiert mit Fotos und GPS-Angaben.

Noch heute unterhält man sich über den legendären Höhenrekord, etwa wenn man mit Einheimischen in der Gondel sitzt und senkrecht hinunterschaut auf das steile und fast unwegsame Terrain zwischen den Baumwipfeln des Bitziwaldes.

Adresse Platte, 8755 Ennenda, www.aeugstenbahn.ch | ÖV S 6, S 25 nach Ennenda | Anfahrt A 3, Ausfahrt 44 Niederurnen, auf der N 17/Hauptstrasse hinter Glarus links nach Ennenda abzweigen, via Kirchweg, Post- und Wiesstrasse zur Talstation | Tipp Von der Bergstation läuft man via Aeugstenhütte weiter zum Aussichtspunkt Kegel: Hier liegen einem Gross- und Sernftal zu Füssen.

21 Das Comptoir

Stoff für Geschichte und Geschichten

Die Treppe hinauf, und schon ist man in einer anderen Welt, in einer anderen Zeit. Einer Zeit, als im Textilunternehmen Daniel Jenny & Cie. nicht nur Baumwolle gesponnen und gewoben wurde, sondern auch Zeichner Dessins entwarfen, Koloristen Farben mischten und Tücher mit Mustern aus Indien, Mexiko, der Türkei und Afrika farbenprächtig bedruckt und in alle Welt exportiert wurden.

Das Comptoir ist die Büroräumlichkeit der Geschäftsleitung, in ursprünglichem Zustand belassen. Von 1857 bis 1975 wurden hier Auftragsbücher geführt, Löhne ausbezahlt, Stoffmuster dokumentiert. Gegründet worden war das Unternehmen 1808 als Handweberei- und Rohtuchgeschäft B. Jenny & Co. 1830 hatte man mit der Zeugdruckerei der Gebrüder Trümpy fusioniert. 1846 waren die Spinnerei und die Weberei in Haslen hinzugekommen. Zur Hochblüte der Textilindustrie in der zweiten Hälfte des 19. Jahrhunderts war die Firma Daniel Jenny & Cie. der grösste Arbeitgeber im Kanton Glarus mit Standorten in Ennenda und Haslen.

Von dieser Textilära erzählt das Comptoir. Faszinierend sind die kunstvollen Handdruckmodeln und unzählige Bücher mit prächtigen Textilmustern. Noch stehen hier Tintenfässer mit Federhaltern auf den Pulten. Daneben eine Nasskopierpresse, auf der alle Korrespondenz mit dem schönen Briefkopf des Firmenareals kopiert wurde. Eine Anekdote gibt es etwa zu den Öfen: Diese mussten in kalten Wintern jeweils früh am Morgen eingefeuert werden, bevor die Herrschaften kamen. Dabei musste es warm genug sein, aber nicht zu heiss, damit man nicht einschlief. Überliefert ist auch die Geschichte rund ums Telefon. Um 1920 wurde es fest an der Wand montiert. Allerdings hatte man länger diskutiert, ob ein Telefon im Büro überhaupt benötigt werde oder ob es besser beim Fuhrmann angebracht werden sollte.

Das Comptoir ist Firmen- und Familienarchiv, Forschungsort – und wundersame Schatzkammer.

Adresse Fabrikstrasse 5, 8755 Ennenda, www.swissfabrics.ch | **ÖV** S 6, S 25 nach Ennenda | **Anfahrt** A 3, Ausfahrt 44 Niederurnen, auf der N 17/ Hauptstrasse hinter Glarus links nach Ennenda abbiegen und nach der Kirchstrasse die erste Strasse links nehmen | **Öffnungszeiten** Privatführung auf Anfrage bei Ruth Kobelt-Jenny, E-Mail: r_kobelt@bluewin.ch | **Tipp** Den Charme des historischen Hauses kann man auch im Erdgeschoss, im Café und Fabrikladen «Baumwollblüte», geniessen.

22 Das Seppä-Bänkli

Der Schauplatz der Stille

Lust auf einen Theaternachmittag mit einer Naturvorstellung? Dann nichts wie hinauf auf die Ennetberge, zum Aussichtspunkt Seppä-Bänkli. Eigentlich gibt es hier mehr als nur eine Sitzbank. Es sind mehrere hölzerne Sitzreihen hintereinander, ein Mini-Amphitheater über dem Abgrund. VIP-Logenplätze, wo der Wald den Blick auf die Berg- und Talkulisse mit der Stadt Glarus weit unten freigibt. Richtung Süden dann Ennenda, Mitlödi, Schwanden und das Ypsilon, wo sich Klein- und Grosstal teilen. Erster Akt der Vorstellung: Einfach nur Panorama schauen. Den Blick an den Felswänden der Berge abprallen lassen, eine illustre Schar der Alpengipfel wie Kärpf, Rütispitz, Hausstock, Selbsanft und Tödi erkennen.

Ganz so, wie wenn man ins Theater geht, kann man auch beim Seppä-Bänkli die Jacke an der Garderobe abgeben. Oder vielmehr: selbst aufhängen. Zwei Haken an einem Baum sind dafür vorgesehen. Allerdings wird «für Garderobe nicht gehaftet», wie uns ein Schild augenzwinkernd mitteilt. Sich in der Pause einen kühlen Drink genehmigen? Sicher. Nur muss man den Schacht mit zwei Eimern voller Flaschen mit Mineral, Eistee und Bier erst suchen. Allzu schwierig ist die Plane mit einem Bodenloch darunter nicht zu erkennen. Auch das Kässeli für die Getränke liegt bei den Eimern – bitte ehrlich sein und bezahlen.

Akt zwei des Spektakels: Die Wolkenformationen und das Sonnenspiel beobachten. Dem Hubschrauber folgen. Oder in der Schachbrettanordnung von Glarus einzelne Gebäude ausmachen.

Und wer ist denn nun Sepp, der Namensgeber des schönen Schauplatzes? Sepp Arnold, ehemaliger Zimmermann und Hobbyholzer, hat den Aussichtsort am Hüttenkopf vor Jahren entdeckt. In Absprache mit dem damaligen Wirt des Alpenblick-Beizli hat er dort Bänke errichtet. Vor allem in der Zeit, wenn das Beizli geschlossen ist, ist man um diesen Pausenort mit Erfrischungsmöglichkeit sehr froh.

Adresse Obere Ennetbergstrasse, 8755 Ennenda | ÖV S 6, S 25 nach Glarus, Wanderweg auf die Ennetberge | Anfahrt A 3, Ausfahrt 44 Niederurnen, auf der N 17/ Hauptstrasse hinter Glarus links nach Ennenda einbiegen, Wegweiser «Ennetberge» folgen, Beginn des Fusswegs zum «Seppä-Bänkli» eine Kurve über «Alpenblick» | Tipp Die Skihütte Elmerberg ist ein frühes Werk des Architekten Hans Leuzinger.

23 Die Tischskulptur

Ein Kunstwerk in Schieflage

Er ist schräg drauf. Kein Wunder, zwei Beine des Stahltisches auf dem Areal beim Gemeindehaus sind ja auch verkürzt. «Schiefer Tisch» nennt sein Schöpfer, der Künstler, Publizist und emeritierte ETH-Professor Peter Jenny, seine Skulptur. Ein Wortspiel, denn das Kunstwerk wurde zum Gedenken an die Geschichte von Ennenda erschaffen: Mit Schiefertischen ist der Ort einst reich geworden.

Um das Jahr 1616 war ein Schreiner aus Hessen, der in Ennenda lebte, auf die Idee gekommen, Schieferplatten aus Engi in Hartholz einzufassen und so ein Zimmermöbel zu kreieren. Die Plattentische waren beliebt. Viele Familien aus Ennenda waren an der Herstellung und am Export beteiligt, so auch Balthasar Jenny (1614–1697) und seine Söhne. Ab 1670 machten sie sich als Tischhändler einen Namen. Eine Chronik erzählt von einem Hans Jenny, «der im August 1686 von Amsterdam gen Bilbao, berühmter Handelsplatz in Hispanien, mit Tischen abgefahren, allda er sie glücklich und mit gutem Profit verhandelt; aber als er unerwartet eines guten Kaufmannschiffes in ein kestenes Schiff, welches nach Dünkirchen in Flandern gewollt (geraten), ist er dieses Jahr 1687 geblieben mit allen Menschen und Gütern. Jenny ist mit Tischen gar weit ummen kommen, benamtlich auch in St. Michael, Archangel, Moskau, da er den Ocean Septemtrionatem über Cap de Nort glücklich durchschiffet hat».

Die Schiefertische aus Ennenda sind also weit gekommen, sogar bis in den Norden Russlands. Viele Handelsgesellschaften hatten ihren Sitz im Ort. Nach den Schiefertischen handelten sie etwa mit Schiefertafeln, Leinwand und Baumwolle, Ziger, Dörrfrüchten, Tee, Harthölzern und Textilprodukten. Die Fabrikantenvillen sowie das repräsentative Gemeindehaus im Stil der Neurenaissance aus dem Jahr 1889 erzählen von den früheren goldenen Jahren. Wie auch der Tisch in Schräglage davor.

Adresse Bahnhofstrasse, 8755 Ennenda | **ÖV** S 6, S 25 nach Ennenda | **Anfahrt** A 3, Ausfahrt 44 Niederurnen, auf der N 17/ Hauptstrasse hinter Glarus links nach Ennenda einbiegen, über Kirchweg rechts auf Bahnhofstrasse fahren | **Tipp** Im historischen Hänggiturm der einstigen Textilfabrik ist das moderne Anna Göldi Museum untergebracht (www.annagoeldimuseum.ch).

24 Der Energiestein

Kräfte, Krater und Klänge am Kerenzerberg

Am südlichen Ende des Talalpsees findet man einen grossen, fast quadratischen Felsbrocken bei einer Fichte. Diesem werden viele sowohl auf- wie auch abbauende Kräfte nachgesagt. Was das bedeuten mag? Womöglich, dass nervöse und angespannte Menschen hier zur Ruhe kommen. Und dass Erschöpfte neue Kraft tanken. Oder eben beides gleichzeitig. Dass man zu seiner Mitte findet.

Wer sich eine Weile an den Stein lehnt und über den Talalpsee blickt, wird allein beim schönen Anblick in Balance kommen. Der See selbst gilt als Kraftort mit gesunden Energien. In der meist stillen Wasseroberfläche spiegeln sich die umliegenden Berge. Je nach Wetter und Licht wechselt die Farbe von Dunkelgrün zu Blaugrau. Erst jetzt fällt es einem auf: Der Talalpsee hat keinen Zu- und keinen Abfluss. Die Alpenlandschaft am Kerenzerberg mit dem sanften Tal wurde von einem Gletscher in der Späteiszeit gestaltet. Unterirdische Wasserläufe haben sich in den löslichen Kalkstein gefressen. Durch einen Einsturz nahe der Oberfläche hat sich ein Hohlraum im Felsen gebildet, eine sogenannte Doline. Der Gletscher hat den Boden mit Glazialschutt aufgefüllt und eine undurchlässige Schicht aus Gesteinsmaterial hinterlassen. So ist ein abgedichteter Krater entstanden, der sich mit Regenwasser und Schmelzwasser füllt.

Eine weitere Doline befindet sich etwa einen Kilometer südlich vom Talalpsee neben dem Wanderweg: Einst hatte man fälschlicherweise angenommen, das 20 Meter breite Helloch sei ein Meteoritenkrater. Mit Wasser gefüllt ist die Vertiefung nicht, dafür mit Steinen, welche die Älpler früher bei der Alpsäuberung im Loch versenkten.

Beliebt ist der Talalpsee auch bei Alphornspielern. Denn je nachdem, wie das Alphorn aufgestellt wird, vor der Felswand oder über dem Talkessel, spielen die Naturtöne mit unterschiedlichem Echo. Auch diese Melodien haben eine besondere Energie.

Adresse 8757 Filzbach | ÖV S 5, S 25 nach Näfels-Mollis oder S 4 nach Mühlehorn, Bus 511 nach Filzbach Post, zu Fuss zum Sessellift | Anfahrt A 3, Ausfahrt 47 Murg/Mühlehorn, links auf der Kerenzerbergstrasse via Mühlehorn, Obstalden bis Filzbach und wieder links bis Talalpstrasse 15 zur Sessellift-Station | Tipp Von der Sessellift-Bergstation kann man mit dem Trottinett – via Talalpsee – nach Filzbach hinunterfahren (www.kerenzerbergbahn.ch).

25 Der Gäsi-Kiosk

Walensee-Riviera mit architektonischem Juwel

Das Gäsi – eine idyllische Seeuferlandschaft: Zelte und Wohnmobile verstecken sich im Auenwald. Am kleinen Hafen ankern Boote. Und an den Sandsträndchen vergnügen sich im Sommer viele Badende. Verpflegen und umziehen können sich die Besucher im Campingkiosk Gäsi. Dabei wissen viele nicht, dass dieses Kiosk- und Garderobengebäude ein architektonischer Zeitzeuge ist. Jakob Zweifel, einer der wichtigsten Architekten der Nachkriegsmoderne in der Schweiz, hat das feingliedrige Gebäude 1956/57 im Stil der Pfahlbauten entworfen. Typisch ist seine reduzierte Formensprache: Simple Stahlrohrstützen tragen je eine Betonplatte als Dach und als Boden. Der Bau ist abgehoben, schwebt über dem Boden des Linth-Deltas. Aus gutem Grund: Es lauert die Gefahr von Hochwasser, wenn der Walensee über seine Ufer tritt.

Etwas weiter westlich Richtung Weesen, im Hüttenböschen, gab es bereits früher einmal eine Badeanstalt. Das alte Strandbad Weesen stand genau genommen auf Molliser Boden. Weesen galt einst als Riviera am Walensee. Türkisblaues Wasser, umrahmt von den imposanten Churfirsten, lockte Gäste aus dem In- und Ausland. Geplant worden war das Strandbad bereits um die vorletzte Jahrhundertwende. Der Bau musste aber wegen des Ersten Weltkriegs verschoben werden. 1920 wurde das Bad dann eröffnet. 70 Badehäuschen standen hier, genauso wie ein Verpflegungsbetrieb und ein Pavillon im Wasser. Es war eines der ersten Strandbäder in der Schweiz und das allererste in der Ostschweiz. Angeblich soll Leni Riefenstahl im Jahr 1937 Szenen für einen Film in der Badeanstalt gedreht haben. Die Schauspielerin, Regisseurin und Fotografin war durch ihre Nähe zum Nationalsozialismus und ihre Bekanntschaft mit Adolf Hitler sehr umstritten.

1950 wurde das Strandbad abgebrochen. Übrig geblieben ist nichts mehr davon. Dafür rückte das Gäsi in den Fokus – mit der modernen Architektur von Jakob Zweifel.

Adresse Gäsistrasse, 8757 Filzbach | **ÖV** von Ziegelbrücke Bus 650 bis Weesen Post, dann 20 Minuten am Seeufer entlang zum Gäsi | **Anfahrt** A3, Ausfahrt 45 Weesen, rechts 300 Meter auf Riet und gleich links auf der Gäsistrasse bis zum Campingplatz fahren | **Tipp** Den Uferweg von Weesen nach Walenstadt kann man auf einer Velotour mit der ganzen Familie befahren.

26 Der Heerweg

Hoch zu Ross dem Glarner Walenseeufer entlang

Der 11. Januar 1570 war für Fridolin Heer ein Glückstag. Eigentlich wollte der Ratsherr und Hauptmann mit dem Schiff nach Walenstadt reisen. Der Wasserweg war damals die gängige Verkehrsverbindung. Da ein Unwetter aufzog, ging der Glarner aber nicht an Bord. Tatsächlich, sein Instinkt hatte ihn gerettet: Im Sturm kenterte das Schiff, viele Menschen starben.

Schiffsunglücke gab es auf dem Walensee immer wieder. Deshalb bat Fridolin Heer später um die Erlaubnis, auf eigene Kosten einen Weg vom unteren Ende des Walensees dem Glarner Ufer entlang nach Mühlehorn zu bauen. Ein schwieriges Bauprojekt, wo doch die Felswände steil in den Walensee abfallen und das unwegsame Gelände auch über Tobel führt. Unter der Leitung von Baumeister Hans de Franceschi aus dem Maggiatal gelang es dennoch, einen schmalen Weg zu errichten. Streckenweise wurde er als Halbgalerie aus dem Fels gehauen, oder er verlief entlang des steil abfallenden Bergs auf schmalen Felsbändern und teilweise als aufgehängte Lehnenbrücke. Ab 1607 konnte der Weg passiert werden, wenngleich nicht ohne Gefahr. Fridolin Heer selbst kam 1617 bei einem Kontrollgang des Weges durch Steinschlag ums Leben.

Ein Teil des Heerwegs kann heute als Wanderweg, auch «Geerenweg» genannt, begangen werden. Zudem wurde kurz nach der Escher-Linth-Kanal-Brücke eine Lehnenbrücke rekonstruiert: mit Eichenholz und ohne Eisennägel, verankert in den Original-Felslöchern.

Wieso die Brücke so hoch angebracht ist, dass man hinaufklettern muss? Und wieso der Handlauf am Felsen so weit oben ist, dass man ein Riese sein muss, um sich daran festzuhalten? Eine Antwort auf die erste Frage gibt die Hochwasserstandstafel in der Nähe: Damals – vor der Linthkorrektion – lag der Pegel des Walensees rund fünf Meter höher als heute. Und der Handlauf ist so berechnet, dass sich ein Reiter auf dem Pferd daran festhalten kann.

Adresse Heerweg/Geerenweg, 8757 Filzbach | ÖV von Ziegelbrücke Bus 650 bis Weesen Post und am Seeufer entlang via Gäsi weiterlaufen | Anfahrt A 3, Ausfahrt 45 Weesen, rechts 300 Meter auf Riet und gleich links auf der Gäsistrasse bis zum Campingplatz fahren | Tipp Das 1863 errichtete Wasserstandsdenkmal dokumentiert die Höchststände von 1807 bis 1863. Es stand ursprünglich mit den Füssen im Wasser.

27 Der Skulpturenweg

Zur Hochzeit zwei Gämsen aus dem Wildschutzgebiet

Der «Gämsbaum» steht oben auf der Mettmenalp beim Garichti-Stausee. Die Skulptur der Glarner Künstlerin, Unternehmerin und Gewürz-Sommelière Tina Hauser prangt am Südende, gleich hinter einem Wegweiser mit Wandertafeln. Wer etwas weiter hochsteigt, zum Oberstafel, findet am Wegesrand «Das Paar», das sich über dem Niederen-Hochtal die Hände reicht. Insgesamt neun Skulpturen zwischen Mettmenalp und Wildmad-Furggeli erzählen die Geschichte des Wildschutzgebietes «Freiberg Kärpf».

Das Jagdbanngebiet zwischen Linth- und Sernftal wurde bereits im Jahr 1548 im Auftrag von Landamman Joachim Bäldi gegründet. Ein frühes Datum, wurden doch viele Jagdbanngebiete erst 1875 durch das eidgenössische Jagdgesetz ins Leben gerufen. Der Schweizer Nationalpark wurde gar erst im Jahr 1914 gegründet. Erstaunlich ist dieser Wildschutz zudem, war doch die Bevölkerung in der Bergwelt auch auf die Jagd angewiesen.

Ausnahmen gab es allerdings schon damals. So wurden Freibergschützen gewählt. Nur diese durften für die Festlichkeiten der Obrigkeit weiterhin Gämsen und Wildhühner erlegen. Die Landesreform von 1663 bestimmte, dass jeder Landammann, der zwischen Jakobi und Martini – also zwischen 25. Juli und 1. November – heiratete, zwei Freiberg-Gämsen als Geschenk bekam. An diesen Brauch erinnert die Hochzeitspaar-Skulptur. Da der Bestand der Gämsen aber stark zurückging, wohl auch durch zu viele Sonderjagden, bekamen Braut und Bräutigam ab 1777 nur noch eine Gämse. 1792 wurde diese Bestimmung ganz aufgehoben. Insgesamt sollen im 18. Jahrhundert etwa 6.000 Gämsen erlegt worden sein.

Heute leben im ältesten und grössten Wildschutzgebiet der Schweiz Hirsche, Gämsen, Steinböcke, Murmeltiere, Rehe und Adler. Beobachten kann man sie von neuen Aussichtsplattformen aus. Eines dieser überdimensionierten hölzernen Vogelnester thront nicht weit entfernt über dem Skulpturen-Paar.

Adresse Freiberg Kärpf, Mettmen, 8762 Schwanden | ÖV S 6, S 25 nach Schwanden, Bus 544 zur Talstation | Anfahrt A 3, Ausfahrt 44 Niederurnen, auf der N 17/Hauptstrasse nach Schwanden, dem Wegweiser Kies-Mettmen folgen, mit der Luftseilbahn hinauf | Tipp Auf dem Weg Richtung Leglerhütte gibt es ein geologisches Phänomen: die vom Bach gegrabene, 50 Meter lange «Kärpfbrücke».

28 Der Sponeck-Stuhl

Beste Aussichten für die Eternitwerke

Design auf 2.273 Metern über Meer. Zwischen den Plastikstühlen bei der Leglerhütte geht der Designstuhl aus grauen Eternitplatten optisch fast unter. Dabei ist der besondere Logenplatz so ausgerichtet, dass er freie Sicht auf die imposante Glärnischkette, die wie eine Festung vor einem liegt, bietet.

Eternit? War da nicht einmal von Asbest die Rede? Doch, seit den 1990er Jahren ist Eternit-Faserzement aber absolut asbestfrei. Faserzement besteht aus den natürlichen Stoffen Zement, Kalksteinmehl, Fasern, Luft und Wasser und ist rezyklierbar. Seit 1904 haben die Eternit-Werke ihren Sitz in Niederurnen. Der Baustoff wird hauptsächlich für Dach- und Fassadenverkleidungen verwendet. Sogar der König von Siam soll einst 120.000 Eternitplatten für die Einkleidung seiner Lusthäuser bestellt haben. In der Schweiz hatte man hingegen nicht immer Freude an den Faserzementplatten. Der Heimatschutz hatte die graue Farbe kritisiert, welche angeblich schlecht in die Landschaft passe. Und selbst die Palette von farbigen Eternitplatten, die es seit den 1960er Jahren gibt, konnte die Kampagne «Schindeln statt verschandeln» als Werbung für Holzschindeln nicht verhindern.

Architekten und Designer arbeiten aber gern mit dem vielfältigen Material und kreieren handgefertigte Outdoormöbel und Pflanzengefässe aus Eternit. Der 1954 von Willy Guhl entworfene Strandstuhl hat es sogar bis ins Museum of Modern Art in New York geschafft. Guhl war später als Mentor dabei, als die Architektin und Designerin Julia von Sponeck ihren Sponeck-Stuhl geschaffen hat. Den Stuhl, der nun bei der Leglerhütte steht. Ergonomisch gestaltet aus zwei dünnen, geschwungenen Eternitplatten, wirkt seine Form leicht und dynamisch. Wer auf ihm Platz nimmt, sich zurücklehnt und den Körper vor eindrücklicher Alpenkulisse herrlich entspannt, wird den Abstieg von der Leglerhütte leichtfüssig begehen.

Adresse Freiberg Kärpf, 8762 Schwanden | ÖV S 6, S 25 nach Schwanden, Bus 544 zur Talstation | Anfahrt A 3, Ausfahrt 44 Niederurnen, auf der N 17/Hauptstrasse nach Schwanden, dem Wegweiser Kies-Mettmen folgen, mit der Luftseilbahn hinauf, 2,5 Stunden Wanderzeit zur Hütte | Tipp In der Nähe liegt der schöne Milchspülersee. Seine Farbe sieht aus, als hätte man darin eine Milchkanne ausgewaschen.

29 Der Baumriese

Verdanken wir den Mammut-Kalifornier einem König?

Glarner Handelsleute und Fabrikanten hatten ihre Freude an der Sequoia, auch Wellingtonia oder auf Englisch «Redwood» genannt. Der Mammutbaum war früher Statussymbol für Wohlstand und Reichtum und steht bis heute in so manchem Villengarten, auch in dem der Villa Freienstein in Glarus.

Der grösste Liebhaber der Riesenmammutbäume war der deutsche König Wilhelm I. von Württemberg (1781–1864). Er beauftragte die königliche Gartendirektion, Samen der Riesenbäume in ihrer Heimat in Kalifornien zu bestellen. Der Legende nach wollten die königlichen Einkäufer «1 Lot» kaufen. Die damals gängige Masseinheit entsprach etwa 14 bis 18 Gramm. Das hätte durchaus genügt für ein paar Bäume für den königlichen Wilhelma-Park, da die Samen federleicht sind. Die Amerikaner verstanden allerdings «a lot», also «eine Menge», und lieferten einen ganzen Samenberg. So durfte die Gartendirektion viele dieser Samen oder Jungpflanzen verkaufen. Drei Gulden und 36 Kreuzer habe das Dutzend Pflanzen gekostet. Ein luxuriöser Betrag, den sich nur wohlhabende Gartenbesitzer leisten konnten.

Ob es die königlichen Junggiganten waren, die im Glarnerland gepflanzt wurden, lässt sich nicht belegen. Denn eine andere Spur führt zu Johannes Coaz (1822–1918). Der eidgenössische Oberforstinspektor experimentierte in Graubünden mit schnell wachsenden Baumsorten, auch mit Mammutbäumen. Möglich ist also auch, dass so mancher Glarner Exot aus seiner Baumschule stammt.

In Mode kamen die Sequoias in Europa gegen Ende des 19. Jahrhunderts. Das könnte mit dem Pflanzdatum des Mammutbaums bei der Villa Freienstein übereinstimmen. Sein Stammumfang beträgt mehr als sieben Meter, das Alter wird zwischen 120 und 150 Jahre geschätzt. Längst überragt er die Villa und ist doch nur ein Jungspund im Vergleich zu den ältesten Giganten in Kalifornien, deren Altersangaben zwischen 1.500 und 3.000 Jahren schwanken.

Adresse Landstrasse 3, 8750 Glarus | **ÖV** S 6, S 25 nach Glarus, via Bahnhofstrasse/Hauptstrasse circa zehn Minuten zu Fuss | **Anfahrt** A 3, Ausfahrt 44 Niederurnen, auf der N 17 nach Glarus, bis die Strasse einen leichten Bogen nach links macht | **Tipp** Die gedeckte Markthalle an der Bahnhofstrasse 14 bietet am Mittwoch- und Samstagvormittag Frisches und Handgemachtes.

30 Das erste Hochhaus

Mit den Schwestern hoch hinaus

Wer seinen Blick über die Skyline von Glarus schweifen lässt, kann einige hochragende Bauten sehen: die Türme der Stadtkirche, ein paar Wohnblöcke an den Stadträndern und das Kantonsspital. Das allererste Hochhaus, das im Glarnerland gebaut wurde, geht aber im heutigen Stadtpanorama unter.

Es ist das Schwesternhaus des Kantonsspitals, erbaut von Jakob Zweifel 1951 bis 1953. Der 29-jährige Architekt, der im Jahr zuvor gerade erst sein Büro gegründet hatte, meldete sich auf die öffentliche Ausschreibung. Für den Wettbewerb legte er den Entwurf eines 23 Meter hohen, neungeschossigen Baus vor, eine Neuheit im Kanton – und gewann. Damit gilt das Schwesternhaus ganz knapp als Hochhaus, denn gemäss Definition sind dies Bauten, deren oberstes Geschoss mehr als 22 Meter über dem der Feuerwehr dienenden angrenzenden Terrain liegt.

Der junge Zweifel erntete Spott für seinen «einsamen Turm». Das Satiremagazin «Nebelspalter» dichtete gar: «Wer die Baukunst möcht' studieren, soll hier keine Zeit verlieren. Glarus hat zwar in der Tat Häuser für Gericht und Rat. Doch wirkt einzig kolossal – 's Schwöstresilo' beim Spital. Jedem Fremdling Eindruck macht unser Städtchen in der Nacht. Denn dann konstatiert auf Ehr' er, nirgends sonst ist's menschenleer.»

Der Architekt liess sich nicht beirren. Als Argument brachte er die Kosteneinsparung vor, die knappen Landreserven und auch die hohen Berge rundum, welche die wahren Wolkenkratzer seien. Und nahm gleich am nächsten Wettbewerb für das Schwesternhaus des Zürcher Universitätsspitals teil. Wohl davon ausgehend, dass er bei der grossen Konkurrenz kaum Chancen hätte, plante er einen noch höheren, schlanken Baukörper. Tatsächlich wurde sein Entwurf zum Siegerprojekt. Das Personalhaus ragt mit 54 statt der damals zugelassenen 45 Meter in die Höhe und war zur Erstellungszeit 1959 das höchste Gebäude in Zürich.

Adresse Walcherguet 35–51, 8750 Glarus | ÖV S 6, S 25 nach Glarus, Bus 501, 502, 504 bis Kantonsschule/Spital | Anfahrt A 3, Ausfahrt 44 Niederurnen, auf der N 17 bis Glarus, am Ortseingang im Kreisel dritte Ausfahrt links in die Nordstrasse, nach 300 Metern rechts in die Buchholzstrasse bis Walcherguet fahren | Tipp Wer entdeckt den Haizahn im Schaufensterrahmen aus Muschelkalk an der Zaunstrasse 11?

31 Der Galgenhügel

Ein unrühmlicher Platz an der Sonne

Auf dem Glarner Sonnenhügel hinter dem Kantonsspital thronen ein paar nette Wohnhäuser. «Erhöhte zentrale Lage», würde es wohl in Immobilienanzeigen heissen, «mit guter Aussicht». Sicht hat man auch auf das Parkfeld darunter an der Buchholzstrasse. Dort, am Fusse des Hügels, der damals Galgenhügel hiess, war einst der Richtplatz von Glarus. Erstmals erwähnt wurde er im Jahr 1423. Verurteilte wurden hier bis ins 19. Jahrhundert meist durch das Schwert getötet.

Die berühmteste Hingerichtete ist sicher die Magd Anna Göldi. Am 13. Juni 1782 wurde sie durch das Mördergässchen zum Galgenhügel und auf den Richtplatz geführt und vom Scharfrichter geköpft. Dies, nachdem sie unter Folter gestanden hatte, die Tochter ihres Dienstherrn verzaubert zu haben. Vor Gericht wurde sie zum Tode verurteilt, wahrscheinlich sollte durch den Schuldspruch der Magd der Ehebruch des Dienstherrn vertuscht werden. 2008 wurde die «letzte Hexe Europas» offiziell rehabilitiert.

Zuoberst auf dem Galgenhügel stand aber tatsächlich einmal ein Galgen, bestehend aus zwei steinernen Säulen. Gut sichtbar schon von Weitem, diente er als Symbol für die Rechtsprechung und zur Abschreckung. Wie auch als nicht christliche Grabstätte, denn die Hingerichteten wurden oftmals in Unehre unter dem Galgen verscharrt. Um 1800 begann sich die Wahrnehmung zu wandeln, Richtplatz und Galgen empfand man als nicht mehr zeitgemäss. 1836 fand die letzte Hinrichtung statt. Gleichzeitig wurde beschlossen, den Galgen abzubrechen, was aber Vandalen teilweise schon zuvor erledigt hatten.

Das sogenannte Mördergässli wurde später umbenannt in Asylstrasse – denn die Strasse führte zum Bürgerasyl, dem späteren Altersheim. Seit 2007 steht hier eine Gedenktafel für Anna Göldi. Und als auf dem Hügel Wohnhäuser gebaut wurden, bekam dieser den Namen Sonnenhügel. Denn wer wohnt nicht lieber an der Sonne als unter dem Galgen?

Adresse Sonnenhügelstrasse, 8750 Glarus | **ÖV** S 6, S 25 nach Glarus, Bus 501, 502, 504 bis Buchholz | **Anfahrt** A 3, Ausfahrt 44 Niederurnen, auf der N 17 nach Glarus, am Ortseingang im Kreisel zweite Ausfahrt geradeaus und dann erste Strasse links | **Tipp** Ein Licht unter dem Dach des Gerichtsgebäudes leuchtet Tag und Nacht als Mahnmal zu Ehren von Anna Göldi und allen Opfern von Justizwillkür.

32 Die Gepäckausgabe

Raum für Kunst, Kunst im Raum

»Güter-Expedition», steht in alter Schrift auf der Nordfront des Güterschuppens. Der eindrückliche Backsteinbau aus dem Jahr 1894 neben dem schlossähnlichen Bahnhofsgebäude ist seit 2012 ein Veranstaltungsort für Kultur, getragen vom Glarner Kunstverein. Im nördlichen Teil war früher das Expeditionsbüro mit Schalterraum untergebracht. Gepäckstücke und Güter wurden hier abgegeben und abgeholt. Das Büromobiliar ist inzwischen verschwunden. Dafür verwandeln Kunstschaffende den Raum temporär in einen Aktions- und Ausstellungssalon.

»Gepäckausgabe» heisst das nicht kommerzielle Kunstprojekt. Die Vorgabe für die regelmässigen Inszenierungen: Die Kunstschaffenden sollen sich mit dem Glarnerland und vor allem mit der Vergangenheit des Raums als Gepäck- und Warenumschlagplatz auseinandersetzen.

Allein die Grösse des Güterschuppens lässt erahnen, dass Glarus eine bedeutende Station war. Mit seiner Geschichte der Textilindustrie, seinen Handelsbeziehungen und alpinen Tourismusorten bietet das Glarnerland einen reichen Nährboden für die Kreativität. Man denke nur an die edlen Stoffe, die in alle Welt exportiert wurden. An die exotischen Waren, die ankamen. An feine Herrschaften, die ihre teuren Koffer abholten, oder verarmte Arbeiter, die mit wenig Hab und Gut in die Fremde zogen.

An Bahnhöfen kommt man heim – oder man verabschiedet sich. Vielleicht mit leichtem Gepäck, vielleicht mit schweren Erinnerungen. Die Gepäckausgabe ist die Schnittstelle, das Sinnbild. Sechs Ausstellungen finden pro Saison statt. Die Kunstschaffenden sollen sich mit ungewohnten, inspirierenden Konzepten auf eine Expedition begeben und das Publikum auf die Reise mitnehmen. Egal, ob virtuelle Welt oder avantgardistische Installation, Performance oder Stillleben, Land-Art oder blumige Malerei, Einzelwerk oder Duo – alle Kunstwerke entstehen jeweils vor Ort für den Ort.

Adresse Schweizerhofstrasse, 8750 Glarus, www.gepaeckausgabe.com | **ÖV** S 25, S 6 nach Glarus | **Anfahrt** A 3, Ausfahrt 44 Niederurnen, auf der N 17 bis Glarus Bahnhof | **Öffnungszeiten** April – Sept., Vernissagen jeweils am ersten Sa im Monat | **Tipp** Das Kunsthaus Glarus im Volksgarten, 1952 von Hans Leuzinger gebaut, gilt mit seiner modernistischen, reduzierten Form als eines der schönsten Schweizer Ausstellungshäuser.

33 Die Kupferschmiede

Wo abgekupfert und zusammengestaucht wird

TING TING TING tintintin TING TING ... Wer Walter Hauser beim Hämmern zuhört, wird den Rhythmus bemerken. Nicht gleichmässig, sondern ein Zusammenspiel von lauten, starken Schlägen und dazwischen leiseren, feineren. Das ist die Kunst des Abhämmerns: Man schlägt auf einen grossen Kupfergegenstand, etwa ein Milchchessi für die Käseherstellung auf der Alp, und muss dabei den Amboss darunter genau treffen. Dafür sind die feinen Schläge. Zum Erspüren, ob der Hammer am richtigen Ort auftrifft.

Sein Instrumentarium hat der Kupferschmied an der Wand aufgehängt und am Boden verstreut: Es sind Hunderte von Hämmern und Ambossen, einige 200 bis 300 Jahre alt. Das sind die wahren Schätze in dieser traditionellen Werkstatt mit der Esse, der offenen Feuerstelle, und den von der Decke hängenden Eisenketten zum Anheben der schweren Gegenstände. Die anderen Schätze – die kupferroten –, sie funkeln auf der Werkbank oder in der Ecke des Raums. Töpfe und Pfannen und goldene Paukenkörper. Es sind Pauken für Berufsmusiker, einige von der Mailänder Scala.

Walter Hauser ist einer der letzten drei Kupferschmiede in der Schweiz. Kein Wunder, wird er für Spezialaufträge angefragt. Etwa für das Replikat des St. Galler Erd- und Himmelsglobus, wo er originalgetreu 400-jährige Kupferschrauben von Hand gefertigt hat. Der Schmied stellt jedes Stück von Grund auf selbst her: vom Messingcheminée zum Feuerstellenrost, vom Wirtshausschild zur Turmspitze, vom Taufbecken zur Riesengugelhopfform mit 50 Zentimetern Durchmesser. Oder eben die Chessi, die auf Schweizer Alpen genauso wie im Ausland im Einsatz sind. Für ein mittleres Chessi von 50 Kilogramm benötigt er eine Woche. Dafür verwendet er mehrere Hämmer und drei bis vier verschiedene Ambosse. Welches die richtigen sind, merkt er am Ton: Harter Stahl singt, weicher tönt tiefer. Und für Klang und Rhythmus hat Walter Hauser ein sehr gutes Ohr.

Adresse Langenackerstrasse 2, 8750 Glarus, www.kupferschmiedeglarus.ch | ÖV S 6, S 25 nach Glarus, Bus 504 bis Lurigenstrasse, via Riedernstrasse 400 Meter zu Fuss | Anfahrt A 3, Ausfahrt 44 Niederurnen, auf der N 17 bis Glarus, im Kreisel erste Ausfahrt nehmen und 500 Meter geradeaus bis zum gelben Haus rechts fahren | Tipp Bei der Spielhofrösterei (Spielhof 9) wird Kaffee aus aller Welt sortenrein geröstet.

34 Die Schachbrettstadt

Ein geometrischer Ort mit einem schrägen Haus

Planstädte mit Schachbrettgrundriss, da denkt man zuerst an Metropolen wie New York, Washington, D.C., vielleicht auch an lateinamerikanische Innenstädte wie Mexiko City oder Santiago de Chile. Dabei hat auch die Stadt Glarus ihr geometrisches Strassennetz.

Nachdem ein Grossbrand im Jahr 1861 in Glarus 257 Wohnhäuser und 332 weitere Gebäude zerstört hatte, wurde der Stadtkern völlig neu im Schachbrettmuster wiederaufgebaut. Inspirieren liess man sich damals nicht etwa in den Vereinigten Staaten, sondern in La Chaux-de-Fonds. Der ausgeklügelte Plan machte aus dem ländlichen Hauptort architektonisch eine kleine Stadt: Statt enger und kurviger Gassen wurden breite Strassen, statt hölzerner Häuser zwei- bis dreistöckige Häuserreihen aus Stein erbaut. Die Hauptstrasse mit Verwaltung, Bibliothek und Gerichtshaus bildet die Nord-Süd-Längsachse. Parallel dazu laufen sogenannte «Servicegassen», wo Gewerbe, Werkstätten und Ladengeschäfte untergebracht wurden. An zwei Wohnstrassen unterhalb und oberhalb der Hauptstrasse stehen Häuser in Karree- und Zeilenbauweise. In ihren Hinterhöfen findet sich oft ein Brunnen.

Querstrassen kreuzen das Raster rechtwinklig. Dabei steht ein Haus schief im Plan: Das Haus «im Stampf» hatte den Brand überlebt. Die neue Stadtstruktur wurde auf das «Stampf» ausgerichtet, sodass es eine Achse mit der doppeltürmigen Stadtkirche bildet. Auch die Kirche wurde neu erbaut – als fünftgrösste Kirche der Schweiz. 100 Jahre lang diente sie den Reformierten wie den Katholiken, bis die Katholiken 1964 ihr eigenes Gotteshaus bekamen. Die letzte Renovation 1999 wurde mit dem Europa-Nostra-Kulturerbepreis ausgezeichnet. Man hatte das Gebäude in seinen ersten Bauzustand zurückversetzt und die Innenbemalung der Bemalung der ursprünglichen Kirche nachempfunden. Nun steht die Stadtkirche fast original so da, wie sie nach dem Brand gebaut wurde.

Adresse 8750 Glarus | ÖV S 6, S 25 nach Glarus | Anfahrt A 3, Ausfahrt 44 Niederurnen, auf der N 17 bis Glarus | Tipp In der Stadtkirche steht ein grosses 3-D-Modell, das zeigt, wie Alt-Glarus vor dem Brand ausgesehen hat.

35 Die Skifellfirma

Die Erfinder der weltweit ersten Skihaftfelle

Schon immer wollten die Menschen hoch hinauf, auf die Gipfel, im Winter mit Skiern. Als Steighilfe wurden früher Felle von Seehunden verwendet. Man experimentierte aber auch mit Schnüren oder Tannenzweigen. So auch Hans Fischli, der 1948 eine Manufaktur mit dem Namen Tödi Sport gründete. Dort fertigte er unter anderem erste Skifelle, die rein mechanisch, mit Bändern und Schnallen, am Ski befestigt wurden. Fischli tüftelte viele Jahre und entwickelte einen Haftkleber, der am Fell haften blieb, nicht aber am Ski. Das erste funktionstüchtige selbsthaftende Skifell war geboren. Das war im Jahr 1968, und es hiess colltex.

Colltex gehört heute zu den Marktführern für Skifelle, dank weiteren Innovationen: dem umweltfreundlichen «hotmelt»-Kleber ohne Lösungsmittel etwa. Einem Befestigungssystem ohne Nieten. Einem Fell mit Acrylate-Beschichtung, einer kleberlosen Haftschicht. Oder einem ultraleichten Fell mit phosphoreszierender Unterseite, die im Dunkeln leuchtet. Die colltex-Manufaktur ist Forschungslabor und Produktionsort. Sogar Maschinen wie die Abfräsmaschine und die Beschichtungsmaschine haben die Glarner Techniker entwickelt.

Skifelle gehen mit der Mode. Viel Spielraum hat man bei Formen, Farben, Techniken, Befestigungssystemen, Oberflächen und Schnitten. Als Materialien für den Fellflor sind feinste Mohairwolle, Synthetik oder ein Mix aus Mohair und Synthetik gefragt. Auf dem Textilcutter von colltex sind über 10.000 Zeichnungen gespeichert. So können die Felle auf alle Skimarken und Modelle auf Mass zugeschnitten werden.

Übrigens stammt nicht nur das allererste Skihaftfell aus Glarus. Auch der erste Berg, der auf Skiern erobert wurde, liegt im Kanton: Am 8. Januar 1893 stiegen zwei Glarner mit Skiern auf den 2.299 Meter hohen Schilt. Ob sie damals Felle aus Schnüren, Fell oder Teppichresten hatten, ist nicht überliefert.

Adresse Buchholzstrasse 46, 8750 Glarus, Tel. 055/6456070, www.colltex.ch | **ÖV** S 6, S 25 nach Glarus, Bus 501 bis Buchholz | **Anfahrt** A 3, Ausfahrt 44 Niederurnen, auf der N 17 bis Glarus, im Kreisel dritte Ausfahrt links in die Nordstrasse, nach 300 Metern links in die Buchholzstrasse | **Öffnungszeiten** Besichtigung nur in Gruppen und auf Anfrage | **Tipp** Ein Bijou von 1843 mit einer schönen Ladeneinrichtung ist Tabak Winteler (Hauptstrasse 37).

36 Die Skirennpremiere

Purzelbäume auf dem Sack

Wer hat sie erfunden? Den ersten Skiclub und das allererste Skirennen der Schweiz? Genau, die Glarner waren das!

1893 wurde in Glarus der erste Schweizer Skiclub gegründet. Gründer war Christof Iselin. Inspiriert von Fridtjof Nansens Buch «Auf Schneeschuhen durch Grönland», hatte er selbst primitive Skier gebastelt und heimlich geübt, bevor er aus Norwegen mehrere Paar Skier bekam. Schon im selben Jahr entstand auch die erste Skiproduktion in der Schweiz: Schreiner Melchior Jakober aus Glarus fertigte Skier aus Eschenholz, Sattler Josef Jacober lieferte Bindungen aus Leder. Diese nannte man damals «Schneeschuhe» und heutige Schneeschuhe «Schneereifen». Gefertigt wurden die Skier nach norwegischem Vorbild, wo Skilaufen schon länger populär war. So erstaunt es auch nicht, dass das Wort «Slalom» aus dem Norwegischen stammt: «sla» (glatte Fläche) und «låm» (die Abfahrtsspur auf diesem Hang).

Am 26. Januar 1902 führten die Glarner den allerersten Skiwettlauf der Schweiz durch – drei Wochen vor den Bernern. Er fand auf dem Sackberg statt, als eine Kombination von Laufen, Rennen und Hindernislauf auf Skiern. Die Glarner Nachrichten berichteten: «Am Vormittag fand das Laufen auf grosse Distanz (8,5 km) statt, indem die Sackallmend dem Waldrand nach zweimal umlaufen wurde. Beim nachmittäglichen Militärrennen und beim Sackrennen war die Route um die Hälfte gekürzt. Besonderes Interesse erweckte die Überwindung der Hindernisse. Von einigen Teilnehmern wurden sie mit regelrecht ausgeführten Purzelbäumen rasch überwunden.»

Ab 1903 wurde das Hauptrennen verlängert und führte vom Muothatal über den Pragel und den Klöntalersee auf den Sackberg und hinunter nach Glarus. Und nachdem auf Initiative des Skiclubs Glarus 1904 der Schweizer Skiverband gegründet worden war, fand am 21. und 22. Januar 1905 die erste Skimeisterschaft der Schweiz in Glarus statt.

Adresse Allmend, 8750 Glarus | ÖV S 6, S 25 nach Glarus, Bus 503 bis Pfrundhaus | Anfahrt A 3, Ausfahrt 44 Niederurnen, auf der N 17 bis Glarus, im Kreisel erste Ausfahrt rechts in die Lurigenstrasse, leicht links in die Zweistäglistrasse und die Sackbergstrasse hinauf | Tipp Im Nebengebäude des Freulerpalastes befindet sich das Skisportmuseum mit Original-Gegenständen und vielen Informationen.

37_Die Tischbank

Wozu dient das bankähnliche Gebilde beim Brunnen?

Wer auf der Hauptverkehrsachse durch Glarus fährt, wird vis-à-vis dem Volksgarten von einer Häuserzeile mit bunten und doch etwas verwitterten Fronten begleitet. Die dreistöckigen Gebäude mit den gleichen Fensterzeilen sind aneinandergebaut. Ihre Fassaden wirken fast wie eine wenig einladende Mauer. Das Abläsch-Quartier, so heisst das Wohnviertel, ist vom grossen Brand in Glarus 1861 verschont geblieben. Dabei lohnt es sich, in dieses Quartier einzutauchen und seinen Charme inmitten der parallelen Strassenzüge zu entdecken. Wie ein Dorf in der Stadt mutet es an. Die Hinterseiten der Reihenhäuser haben unterschiedliche Anbauten und einige auch Zinnen. In verschiedenen Farben bemalte Fassaden und Fensterläden und Grünflächen bringen eine fröhliche Ausstrahlung in die ruhigen Gassen und Strässchen.

Zwischen der Bären- und der Christiansgasse gibt es ein hübsches Plätzchen mit einem grossen Baum und einem steinernen Brunnen. Die zwei unterschiedlich grossen Tröge sind je aus einem Block Seewerkalk gehauen worden. Vor dem Brunnen steht ein bankähnliches Gestell aus Holz und Metall. Nur – für eine Sitzbank ist das Gebilde zu hoch. Wozu dient oder diente es also? Zum Wäscheaufhängen, als man die Kleider noch am Brunnen wusch? Als kleiner, schmaler Tisch, zu dem man sich die Stühle dazustellte? Auch ein Gestell, um Teppiche auszuklopfen, ist denkbar. Des Rätsels Lösung: Es ist eine Ablage für Lasten, die man früher auf dem Rücken trug. Als man noch zu Fuss, mit Fuhrwerk oder per Kutsche unterwegs war. Damals dienten die Brunnenplätze als Treffpunkte. Hier tränkte man die Pferde, machte vielleicht kurz Pause auf seinem Weg und plauderte mit anderen Bewohnern. Auf der Ablage, die etwa in Tischhöhe angebracht war, konnte man die Last, die man auf dem eigenen Rücken oder auf dem Pferderücken trug, bequem ablegen und danach wieder aufnehmen, ohne sich gross bücken zu müssen.

Adresse Bärengasse 16, 8750 Glarus | **ÖV** S 6, S 25 bis Glarus, durch den Volksgarten in die Allmeindstrasse / Bärengasse | **Anfahrt** A 3, Ausfahrt 44 Niederurnen, auf der N 17 bis Glarus, gegenüber dem Volksgarten rechts in die Allmeindstrasse, dann in die Bärengasse (dritte Strasse rechts) einbiegen | **Tipp** Der Kulturverein Wortreich (Abläschstrasse 79) organisiert Lesungen, Konzerte, eine Weinbar, ein Sprachcafé und mehr.

38 Die Alp Ennetseewen

Als ein Ballonpionier auf dem Berg niederging

Was müssen die Älpler gestaunt haben. Just am Nationalfeiertag, am 1. August 1900, landete der Luftballonfahrtpionier Eduard Spelterini (Eduard Schweizer, 1852–1931) mit seinem Heissluftballon «Jupiter» und mit dem Ingenieur Julius Ernst und dem Journalisten Émile Gautier, einem Mitarbeiter des Pariser «Figaro», an Bord auf der Alp Ennetseewen. Unbeabsichtigt allerdings. Denn geplant hatten sie eine Fahrt über die Alpen.

Auf Rigi-First auf 1.450 Metern über Meer waren die Herren gestartet, zwei Tage später als geplant. Denn als man mit der Füllung des Ballons begonnen hatte, brach ein Gewitter los. Glücklicherweise konnte man den bereits halb gefüllten Ballon gefesselt halten und am 1. August dann hochsteigen. Ballon Jupiter kletterte rasch in die Höhe, bis auf 4.160 Meter, und trieb auf das Glarnerland zu. Journalist Gautier schrieb: «Aus der Höhe erscheinen uns die Gletschergebilde wie ein riesiges zerknittertes weisses Tuch, aus dem hier und da schwarze Baumstümpfe hervorstechen. Inzwischen treiben wir immer mehr der gewaltigen Schranke der Alpen zu. Dort liegt die Glärnischkette mit ihren drei Gipfeln, die wie senkrechte Mauern über das Tal ragen. Die Laune des Windes zieht uns zum Bächistock. Wie Adler kreisen wir vor der unbefleckten Silberfläche, auf der das Licht ein seltsames Farbenspiel entwickelt.»

Sollte man den Überflug Richtung Bündner Alpen wagen? Wegen des vorhergegangenen schlechten Wetters beschloss Spelterini, auf einem tellergrossen grünen Flecken unter ihnen zu landen. Er zog die Ventilleine, und der Ballon sank sehr rasch, der Glärnisch erschien ihnen immer grösser. Mit heftigen Aufprallen wie bei einem Gummiball landete der «Jupiter» aber sicher auf dem Boden. Von Bauern, die zu Hilfe kamen, erfuhren die Luftfahrer, dass sie auf der Alp Ennetseewen gelandet waren. Erst um halb neun Uhr am Abend traten sie den Abstieg an und verbrachten einen Tag bei Hirten auf der Alp.

Adresse 8773 Haslen | Anfahrt A 3, Ausfahrt 44 Niederurnen, auf der N 17/Hauptstrasse bis Nidfurn, links Abzweigung nach Haslen nehmen, die Tannenbergstrasse hoch bis Auenalp fahren, zu Fuss weiter hinauf über Oberstafel nach Aueren/Ennetseewen | Tipp Auf der Wanderung zwischen Ennetseewen und der Leglerhütte kommt man an den schönen Ängiseelein vorbei.

39 Die Schönau

Die schöne Bucklige mit einem breiten Rücken

Das ist der Zauber dieser Hochfläche: Man fühlt sich, als stünde man mitten in einer Arena, einer grasbewachsenen Manege. Rundum, auf den besten Plätzen, sind die VIPs des Glarnerlandes: die kahlen oder weiss gezuckerten Häupter von Klein und Gross Kärpf, Hausstock, Hahnenstock, Ruchi, Butzenstock, Tödi, Gemsstock, Clariden, Gemsfairenstock, Ortstock, Hochturm, Eggstöcken, Bös Fulen, Glärnisch. Die Schönau ist ein ursprünglicher Bergrücken, eine grasige breite Kuppe. 1.849 Meter über Meer liegt der höchste Punkt. Hier stehen ein Aussichtsbänkchen und rundum vier Holzpfosten. Ein Draht liegt unter der Bank. Wenn die Kühe von der Alp hinauf zum Weiden kommen, wird das Bänkchen vermutlich eingezäunt.

Von Weitem wirkt die Schönau wie eine kompakte Grünfläche. Sieht man genauer hin, bemerkt man das Bodenrelief voller kleiner Buckel, Moospolster und Eintiefungen. Ein Mosaik aus Weide, Flechten, Heidelbeer- und Wacholdersträuchern sowie Wollgräsern. Diese deuten auf Hochmoorreste hin, gedeihen die einem Wattebausch ähnlichen Pflanzen doch in Feuchtgebieten. Das «Scheuchzers Wollgras», so der offizielle Name, wächst im Sommer in den Alpen. Die flauschigen Büschel wurden früher als Material für Kerzendochte oder auch als Stopfmaterial für Kopfkissen verwendet. Das Wollgras bekam seinen Namen zu Ehren des Zürcher Naturforschers Johann Jakob Scheuchzer (1672–1733). Dieser unternahm zu Beginn des 18. Jahrhunderts mehrere Forschungsreisen durch die Alpen, die ihn auch durch den Kanton Glarus führten. Dabei soll aber nicht das Wollgras, sondern die Edeldistel, die Alpen-Mannstreu, zu seinen Lieblingspflanzen gehört haben.

Auf der Schönau ist die Distel nicht zu sehen. Vielleicht lenkt die Aussicht aber auch zu sehr ab von dem, was am Boden wächst. Denn wo kann der Blick schon so ungestört an der 360-Grad-Kulisse mit den prominenten Berggipfeln entlangschweifen?

Adresse 8773 Haslen/8775 Hätzingen | **ÖV** S 6, S 25 nach Nidfurn-Haslen | **Anfahrt** A 3, Ausfahrt 44 Niederurnen, auf der N 17/ Hauptstrasse bis Nidfurn, links nach Haslen abbiegen, Tannenbergstrasse hochfahren bis «Auenalp», parkieren und etwa zwei Stunden hinaufwandern | **Tipp** Unterhalb der Schönau liegt das Naturwaldreservat Tiefenwald. Der Fichten-Urwald lässt sich mit der App Glarner Waldperlen entdecken.

40 Die Fischzucht

Ein Saxofon-Solo für Forellen und Saiblinge

Nach Feierabend schwebt manchmal Musik über dem Hefti-Areal: ein Saxofonspiel. Dann vermischt sich der Sound des Musikinstruments mit dem Plätschern des Wassers in den Fischzuchtbecken. In ihrer Freizeit bringt Sevim Disch, Aquakultur-Fachfrau und Herrin über etwa 30.000 Forellen und Saiblinge, nämlich ihr Saxofon mit zum Üben. Mit ihrem Spiel unterhält sie die Fische sowie benachbarte Kühe und Pferde.

Das ist nicht das einzige Aussergewöhnliche an der Fischzucht Fryberghof: Die sieben Betonbecken sind blitzblank geputzt, keine Sedimente, keine Ausscheidungen schweben darin. Das Wasser ist so klar und rein, als käme es direkt aus einer Bergquelle. Tatsächlich wird der Fischbetrieb von Grundwasser gespiesen – Trinkqualität, durchaus. Das Wasser fliesst durch die Becken und wird dann in die Linth abgeführt. So schwimmen die Fische immer in frischem, geruchlosem, konstant acht bis zehn Grad warmem Nass. Den Strom dafür produziert ein Wasserkraftwerk vor Ort. Die einheimischen Regenbogenforellen, See- und Bachsaiblinge werden vom Becken direkt an die Gastronomie und an Privatpersonen in der Region verkauft – vakuumiert, nicht gefroren.

Für Fische hat sich Sevim Disch bis vor wenigen Jahren nicht interessiert. Das ist heute ganz anders. Seit 2017 ist sie verantwortlich für die Aufzucht und den Betrieb des Fryberghofs. Täglich kontrolliert sie auf dem Areal den Sauerstoff und pH-Wert im Wasser, putzt die Tanks, füttert. Keine Antibiotika, kein Mastbetrieb, «sportlich elegant» sollen die Tiere sein, nicht «dick und grüsig». Sie werden tiergerecht und möglichst ohne Stress gehalten. Dafür bekommen sie auch mal ein 20-minütiges Solebad als Wellness-Behandlung.

Stumm wie ein Fisch? Diese Redensart sei falsch, findet Sevim Disch. Sie ist überzeugt, dass Fische kommunizieren und auch ein Gehör haben. Zum Beispiel für ihre Stimme. Oder ihr Saxofonmenuett.

Adresse Tschachen (Im Rank), 8775 Hätzingen, www.fryberghof.ch | **ÖV** S 25 nach Luchsingen-Hätzingen | **Anfahrt** A 3, Ausfahrt 44 Niederurnen, auf der N 17/Hauptstrasse bis Hätzingen, vis-à-vis Volg links ins Hefti-Areal einbiegen | **Öffnungszeiten** Di und Do 8–12, 13.30–18 Uhr, nur auf Vorbestellung | **Tipp** In Hegners Hoflädeli nebenan gibt es Alpkäse, Eier, Konfi, Honig und im Dezember auch feine Weihnachtsguetsli.

41 Der Bergahornhain

Inspiration für eine Künstlerkolonie

Mächtig, knorrig und bemoost stehen sie da, die jahrhundertealten Bergahornbäume. Gesellschaft haben sie von neu gepflanzten jungen Gesellen bekommen. Durch das Grün hindurch schimmern die roten Fensterläden des Gasthauses Richisau. Hier wurden in der zugehörigen Sennhütte bereits ab 1830 Molkekuren angeboten. 1856 wurde ein Gasthaus gebaut, später ein Kurhaus, das aber um 1915 abgebrannt ist.

Die idyllische Landschaft mit den imposanten Bäumen und Weiden, umgeben von Felswänden, bot eine abgeschiedene Naturbühne und zog Kurgäste wie auch Künstler an. Mitte des 19. Jahrhunderts war die Blütezeit der Landschafts- und Alpenmalerei und das Klöntal ein beliebter Treffpunkt. Der Wahlmünchner Johann Gottfried Steffan und andere Maler wie Gustav Heinrich Ott und Rudolf Koller bildeten am Molkekurort Richisau eine Künstlerkolonie. Bald stiessen auch Komponisten und Schriftsteller dazu. Hermann Goetz arbeitete hier an seiner Oper «Der Widerspenstigen Zähmung». Der erste Schweizer Literaturnobelpreisträger, Carl Spitteler, begeisterte sich um 1890 für «einen der allererlesensten Landschaftsgenüsse, die es auf Erden gibt». Der Dichter Conrad Ferdinand Meyer kurte 1884 in Richisau und schrieb in einem Brief: «Hier im Klöntal ist das Bild ein anderes. Wir sehen aus einem schönen Bergtal mit herrlichen Ahornen, welche ihre Zweige wie Kandelaber strecken, den siebenzipfligen Glärnisch dicht vor uns, von der Sohle bis zu den Spitzen, derselbe Glärnisch, welchen ich aus meinem Kilchberg in der Mitte meines Gesichtskreises erblicke.»

Erinnerungen an den künstlerischen Geist in der Richisau sind überall zu finden: auf vielen Leinwänden, im Gästebuch des neu gebauten Gasthauses oder auch im Bergahornhain. Bläulich schimmert der Granitquader, den der österreichische Steinbildhauer Karl Prantl in den 1980er Jahren mehrere Sommer lang bearbeitet hat, durch das Grün.

Adresse Richisauerstrasse 106, Klöntal, 8750 Glarus, www.gasthaus-richisau.ch | ÖV S 6, S 25 nach Glarus, Postauto 504 (Mai–Okt.) nach Klöntal/Richisau | Anfahrt A 3, Ausfahrt 44 Niederurnen, auf der N 17 bis Netstal, rechts abbiegen (Wegweiser), auf der Klöntalerstrasse hinauf, dem See entlang weiter bis Richisau | Tipp Von der Richisauer Schwammhöhe hat man eine wunderbare Aussicht auf den Klöntaler See, den «schönsten Fjord der Alpen».

42 Der Grabstein

Geheimnisse unter Wasser

Wie ein schiefer Zahn ragt er aus dem Bodenschlamm des Klöntalersees. Der massige Grabstein taucht nur bei Wassertiefstand zu Beginn des Frühlings in der Nähe des alten Abflusskanals auf. Die Inschrift ist gut lesbar: «Hier fand den frühen Tod Markus Freuler geb. 9. Okt. 1868 am 21. Juli 1881 in den Wellen betrauert und beweint von seinen Pflegeeltern und Schwester im fernen Sibirien.»

Wer war Markus Freuler? Wie kam es zu seinem Tod? Und ist der Grund des Klöntalersees tatsächlich ein Grab? Die «Glarner Woche» hat vor wenigen Jahren bereits Aufklärungsarbeit vorgenommen. Ganz lösen lässt sich das Rätsel um den zwölfjährigen Jungen allerdings nicht. Ein Eintrag zur Geburt und zur Todesursache des Knaben findet sich im Taufbuch der Stadt Glarus: «Nummer 76, geboren am 9., getauft am 11. Oktober, Eltern Fridolin Freuler und Katharina Sonder, Name des Kindes Marcus». Darunter steht ein schwarzes Kreuz, das Datum 24. Juli 1881 und in Klammern: «Ertrunken».

Der Junge hatte also womöglich einen Ausflug ins Klöntal gemacht. Das Bergtal wurde touristisch rege genutzt. Ende des 19. Jahrhunderts fuhr auf dem See ein Kursschiff zwischen Rhodannenberg und Vorauen. Später gab es auch ein Dampfschiff für zwölf Personen. Beliebt waren zudem Ruderboote. Zur damaligen Zeit konnten allerdings viele Menschen nicht schwimmen. Ob Markus Freuler in einem Boot gesessen hatte, das kenterte? Wir wissen es nicht. Und genauso wenig ist bekannt, wieso er bei Pflegeeltern aufwuchs und eine Schwester in Sibirien hatte.

Dass der Verstorbene im Seeboden bestattet wurde, ist wenig wahrscheinlich. Ein Grab durfte und darf man nicht einfach an einer beliebigen Stelle errichten. Vielleicht wurde der Stein später zum Gedenken an Markus Freuler am Klöntalersee aufgestellt. Dieser hatte vor dem Bau der Staumauer im Jahr 1908 einen Wasserspiegel wie etwa der Stausee heute bei tiefem Pegel.

Adresse Klöntal, 8750 Glarus | Anfahrt A 3, Ausfahrt 44 Niederurnen, auf der N 17 bis Netstal, rechts abbiegen (Wegweiser), auf der Klöntalerstrasse hinauf zum See | Tipp Beim Bärentritt am Südufer, einer engen, aus dem Felsen gehauenen Stelle, kann man mit Glück in einer Geröllhalde Fossilien wie Ammoniten und Seeigel finden.

43 Das Kirchlein

Die Pyramide im Klöntal

Das gelbe Oldtimer-Postauto mit Blumengirlande über der Haube fährt dem Ufer entlang zum hinteren Teil des Klöntalersees. Dort versteckt sich hinter dem Auwald das Klöntaler Kirchlein. Braut und Bräutigam sowie die ganze Festgesellschaft laufen über einen langen Steg zum schlichten Kirchenschiff. Dieses schwebt wie eine Insel inmitten alpiner Wiesen auf einem Betonpodest. Erbaut auf sumpfigem Gelände, lässt sich das Gotteshaus dank dem Steg jederzeit trockenen Fusses erreichen.

Die Bergkirche im Klöntal wurde 1966 eingeweiht. Einem Gerücht zufolge war der Bau von einem Bauern angeregt worden, der das sonntägliche Kirchengeläute vermisste. Es gelang ihm schliesslich, einen gut situierten Verehrer des Klöntals aus Netstal zu einer grosszügigen Spende zu bewegen. Das schlichte Holzkirchlein besteht aus zwei getrennten Baukörpern mit quadratischer Grundfläche, einem spitzen Turm sowie einem Raum für 80 Personen, die wie ein Paar nahe beisammenstehen. Das Dach des Kirchenschiffs wirkt zeltartig, während das Dach des Turms bis zum Fundament hinuntergezogen und mit Eternit bekleidet ist. Mit der Tannen- und Zeltform wurde ein Zusammenspiel mit dem umgebenden Wäldchen angestrebt – so die Idee der Architekten Daniel & Werner Aebli sowie Ferdinand Bossi. Auch als Pyramide oder als Arche Noah wird das Kirchlein bezeichnet. Wären da nicht die Bandfenster des Glasmalers Christian Oehler, deren intensive Farben dem kargen Raum eine fröhliche, warme Stimmung geben, würde man auf den nahen Sulzbachfall blicken können. Dessen tosendes Wasser sorgt für die Klangkulisse, zusammen mit viel Glockengeläut – von den Kuhglocken auf der Weide.

Und wenn doch die Kirchenglocken durch die aufgefächerten Schallöffnungen im Turm schlagen, dann wird wohl ein Sommergottesdienst gefeiert. Oder über den langen Holzsteg spaziert ein Hochzeitspaar in feierlicher Gesellschaft auf das Kirchlein zu.

Adresse Klöntal, 8750 Glarus | ÖV S 6, S 25 nach Glarus, Postauto 504 (Mai–Okt.) nach Klöntal-Vorauen | Anfahrt A 3, Ausfahrt 44 Niederurnen, auf der N 17 bis Netstal, rechts abbiegen (Wegweiser), Klöntalerstrasse hinauf bis Camping Vorauen, zu Fuss Richtung Plätz laufen | Tipp Vom hinteren Klöntalersee kann man in 1,5 Stunden ins Rossmattertal wandern und im einfachen Käsernalp-Gasthaus einkehren (Ende Mai–Ende Sept.).

44 Der Natureisspeicher

Eisrausch am Klöntalersee

In den Wintermonaten, wenn die Sonne nur über die oberen Berggipfel streicht, bleibt der Klöntalersee im frostigen Schatten und gefriert. Bei lang anhaltenden Minustemperaturen ohne Niederschläge kann sich sogar eine kristallklare, kompakte Schwarzeisschicht bilden.

Dieses dicke Natureis brachte im Jahr 1862 einen gewissen Gabriel Leuzinger von Netstal auf die Idee, gefrorene Blöcke aus dem See zu sägen und zur Kühlung zu nutzen. Anfangs wurde er ausgelacht. Doch schon wenig später taten es ihm viele gleich. Ja, ein richtiger Eisrausch setzte ein. Der Klöntalersee diente als zuverlässiges Eisreservoir. Beim «Gletschern», so nannte man die Eisgewinnung, wurden mit Sägen massive Eisblöcke gestochen, auf Schlitten geladen und mit dem Pferdegespann hinunter nach Netstal und Glarus transportiert. Eine ganze Industrie konnte sich etablieren. Da waren die Eissäger, die Fuhrleute, die Eisexporteure. Abnehmer des gefrorenen Wassers waren Spitäler, Hotels, Gasthäuser und Brauereien. Sogar bis nach Zürich, Frankfurt oder Paris wurden die Klötze dann mit der Bahn gebracht. Im März 1873 berichtete die «Neue Glarner Zeitung» etwa von 100.000 Zentnern Eis, die von Netstal aus versandt wurden. Mit dem Aufkommen von Kühlschränken in den 1930er Jahren ging das Gletschern im Klöntal stark zurück. Die letzte Eislieferung erfolgte 1953 zur Brauerei in Wädenswil.

Die «Seegfrörni» ist bis heute ein freudiges Ereignis. Vor allem, wenn die dicke, naturbelassene Eisfläche fürs Schlittschuhlaufen freigegeben wird. Sogar der Eishockeyclub Niederurnen hatte einst seine Trainings aufs Klöntaler Eis verlegt. Und in den Jahren 1971 und 1972 waren gar einige Glarner Eishockey-Meisterschaftsspiele in dieser schönen Eisarena ausgetragen worden.

Eisblöcke – die werden noch immer gestochen. Allerdings nur, um Tauchern auf 848 Metern über Meer den Einstieg unters Eis zu ermöglichen.

Adresse Klöntal, 8750 Glarus, www.kloental.ch | Anfahrt A3, Ausfahrt 44 Niederurnen, auf der N17 bis Netstal, rechts abbiegen (Wegweiser), auf der Klöntalerstrasse hinauf zum See | Tipp Im Sommer tuckert das «Ice Dream Express»-Boot an schönen Wochenenden auf dem See und bedient Badegäste mit feiner Glace.

45 Das Ruinendorf

Verwunschene Mauerreste unter dem Wiggis

Die Natur hat sich ihren Platz zurückerobert. Heute wachsen Bäume zwischen den Ruinen, breiten ihr Blätterdach über den Überresten aus. Moos überzieht die Gesteine, die vor über 100 Jahren zusammengetragen und zu imposanten langen Mauern, gar mit Torbögen, aufgeschichtet wurden. Alles in Handarbeit, ganz ohne Beton. Sie dienten als Terrassierungen für ein temporäres Dorf abseits der Zivilisation, das steil an den damals unbewaldeten Hang gestellt wurde.

In der Siedlung Unterwäldli lebten von 1905 bis 1908 etwa 50 italienische Gastarbeiter. Sie waren gekommen, um am Kraftwerk am Löntsch mitzuarbeiten. Dieses war vor dem Ersten Weltkrieg das grösste Wasserkraftwerk in der Schweiz. Für das Löntschwerk wurde der Klöntalersee mit einem 217 Meter langen Damm gestaut. Sein Wasser wurde durch einen 4,13 Kilometer langen Druckstollen im Wiggisfelsen zum Wasserschloss getrieben. Und von dort über Druckleitungen zum 329 Meter tiefer gelegenen Turbinenhaus in der Kraftwerkzentrale in Netstal geleitet. Die Italiener arbeiteten in erster Linie am Ausbruch des Druckstollens. Ihre Siedlung und ihren Bauplatz konnten sie über einen alten Maschinenweg von Schuttbergen her erreichen. Es gab aber auch eine Transport-Standseilbahn, die zu einem Stollenfenster über dem Dorf führte. Nach Bauschluss im Jahr 1908 wurde das Dorf Unterwäldli zurückgebaut und die Mauerreste sich selbst überlassen.

In den 1970er Jahren demontierte man die alte Standseilbahn und ersetzte sie durch eine einspurige Luftseilbahn von der Schwandener Seilbahnfirma Mathias Streiff, dem Vorläufer von Inauen-Schätti. Die Bergstation gilt als bedeutendes Ingenieurbauwerk: Schweizweit einzigartig sind ihr bewegliches Podest und die Kombination von Station und Stollenzugang. Vom Bundesamt für Kultur wurde die Anlage 2010 gar ins Inventar der Seilbahnen von nationaler Bedeutung aufgenommen.

Adresse Klöntalerstrasse / Unterwäldli, Klöntal, 8750 Glarus | **ÖV** S 6, S 25 nach Glarus, Postauto 504 (Mai – Okt.) bis Löntschtobel | **Anfahrt** A 3, Ausfahrt 44 Niederurnen, auf der N 17 bis Netstal, rechts abbiegen (Wegweiser), auf der Klöntalerstrasse bis 300 Meter nach der Haltestelle Löntschtobel fahren, zu Fuss rechts Strässchen hoch bis Schlattberge und rechts in den Wald hinein | **Tipp** Imposant ist der Blick von der Steinbogenbrücke hinunter ins tiefe Löntschtobel.

46__Das Bahnhöfli

Grosser Bahnhof für eine Mini-Haltestelle

Man muss schon die Verkleinerungsform benutzen für den Bahnhof in Leuggelbach: Das hölzerne Wartehäuschen mit Retro-Charme und grüner Sitzbank davor wirkt überaus herzig. Liebevoll spöttisch wurde sogar gewitzelt, das Wartesaalhäuschen sei so klein, dass man es über Nacht versorgen würde.

Eine perfekte Kulisse, mögen sich die Schweizerischen Bundesbahnen gedacht haben. Und haben das historische Bahnhöfli zum Schauplatz eines Werbespots erkoren. Die Schauspielerin Maja Stolle – manche kennen sie vielleicht noch aus der Sitcom «Mannezimmer» – ist das sympathische SBB-Grosi. Als ein jüngeres Paar zum Bahnhöfli kommt, um Billette am Automaten zu lösen, empfiehlt sie den Kauf mit der SBB Mobile App. Just in dem Moment überquert ein Pferdegespann das Gleis. Auf dem Kutschenwagen stehen sechs Herren einer A-cappella-Band und singen den Werbeslogan «Mit dr App vo de SBB gits keini Ursrede meh». Die Sonne strahlt, die Sänger lächeln, und die Reisenden schmunzeln. Und als eine Drohnenaufnahme einen Zug zeigt, der durch das grüne Tal Richtung Endstation Linthal fährt, dem majestätischen weissen Tödi entgegen, ist die Idylle perfekt.

Die Haltestelle Leuggelbach stammt aus dem Jahr 1913. Die Strecke Glarus–Linthal ist 1879 von der Schweizerischen Nordostbahn eröffnet worden. 1927 wurde auf elektrischen Betrieb umgestellt. Dabei trug man sich schon länger mit der Idee, die Gleise hinter Linthal Richtung Süden weiterzuführen, durch den Tödi hindurch. Auf einer Karte von 1925 ist dieses Projekt als Tödi-Greina-Bahn eingezeichnet; ein 14 Kilometer langer Tunnel nach Trun in der Surselva und weiter nach Biasca. In den 1960er Jahren wurde diese Variante aber definitiv verworfen. Daran erinnert eine Gedenktafel am Bahnhof Linthal: «Der Ausgang nach dem lockenden Süden mit der Tödi-Greina-Bahn – in 20 Minuten im Tessin! – bleibt weiterhin ein schöner Traum.»

Adresse Bahnhofstrasse 17a, 8774 Leuggelbach | ÖV S 6, S 25 nach Leuggelbach | Anfahrt A 3, Ausfahrt 44 Niederurnen, auf der N 17/ Hauptstrasse bis Leuggelbach, beim Abzweiger nach Haslen (Wegweiser) links zum Bahnhof einbiegen | Tipp Die attraktive Linth-Steinbogenbrücke zwischen Leuggelbach und Haslen wurde 1921 fertiggestellt.

47 Der Industrieweg

Ein Blick zurück und einen Schritt weiter

Treffen sich ein Architekt, ein Historiker und ein Geograf … So beginnen in der Regel Witze. Die Geschichte des Glarner Industriewegs ist hingegen eine Erfolgsgeschichte. In den 1990er Jahren fand das Trio zusammen. Alle drei waren fasziniert von der reichen Industriegeschichte des Kantons, dem Pioniergeist, den auffälligen Fabrikbauten und fanden: Wir müssen etwas daraus machen. Bald war die Idee eines Industriewegs geboren. In Kürze hatte man zwei Handvoll Interessenten für das Projekt zusammen. Karten wurden gezeichnet, Historisches recherchiert, bauliche Genehmigungen eingeholt, Texte geschrieben. 1995 gründete man einen Verein und stellte 50 Objekttafeln auf. So kann man heute gemütlich zu Fuss oder per Velo den Spuren der Industrialisierung folgen.

Wie es im Jahr 1860 im Glarnerland ausgesehen hat, ist in einem Protokoll der Schweizerischen Gemeinnützigen Gesellschaft überliefert. Mit 40 Kutschen waren die Gesellschafter damals an ihrer Jahresversammlung von Glarus nach Linthal unterwegs und nahmen Augenschein vor Ort. Ein Delegierter aus der Romandie notierte: «Durch zehn Dörfer gefahren, nur in einem einzigen fand sich keine Fabrik. Die ganze Bevölkerung stand Spalier. Die Fabriken sind Brutstätten der Bedürftigkeit und der Rachitis.» Nach einem Essen in Bad Stachelberg fuhren die Kutschen bei Dunkelheit zurück. Noch immer wurde in den Fabriken gearbeitet: «Sämtliche Fabriken leuchteten durch das enge Tal … der einzige lebendige Ort in jeder Ortschaft.»

Zurückblicken und zugleich weitergehen, das ist das Ziel des Vereins Glarner Industrieweg. Mit dem Buch «Industriekultur im Kanton Glarus», mit alten, digitalisierten Dokumentarfilmen, welche als Wanderkino an Originalschauplätzen in den Fabriken gezeigt wurden, und mit erneuerten Tafeln entlang des Weges, versehen mit QR-Codes. Für alle, die sich per Mobiltelefon in die Geschichte der Glarner Industrie vertiefen möchten.

Adresse 50 Kilometer langer Rad- und Spazierweg von 8866 Ziegelbrücke nach 8762 Schwanden, von Schwanden nach 8783 Linthal und von Schwanden nach 8767 Elm | ÖV S2, S4, S6, S8, S25, S27, RE nach Ziegelbrücke | Anfahrt zum Startpunkt Ziegelbrücke: A3, Ausfahrt 43 Schänis, links in Schäniserstrasse und nach 1,3 Kilometern rechts in Ziegelbrückstrasse | Tipp Auch die Decoralwerke AG in Leuggelbach, die seit 1933 Fassadenfarben produziert, ist eine Station auf dem Glarner Industrieweg.

48 Das Gletscherversteck

Dem Geheimnis der Eiszunge auf der Spur

Ein Talschluss hat immer etwas Lockendes. Auch der Kessel des Durnachtals ermuntert den Wanderer, neues Terrain zu entdecken. Zwischen Rüti und Linthal mündet es ins Grosstal. Von hier aus sieht man praktisch nicht ins Seitental hinein. So eng stehen die Flanken, zwischen denen sich der Durnagelbach durchgefressen hat, sodass sich nur die hinteren Gipfel zeigen.

Steil geht es zuerst durch den Wald hinauf, bis sich das Tal oben weitet. Vorbei an drei Alpbetrieben. Dann ist die Sicht frei auf das Talende mit den dunklen Felsen des Schlössliturms, darüber der markante Hausstock. Rechter Hand blitzen Schneefelder und schieferfarbene Geröllfelder auf. Ist das der Hintersulzfirn? Ein Gletscher soll sich dort unter 50 bis 200 Zentimeter dickem Schutt verbergen, sagt man. Nur ganz wenige hätten das Gletschereis darunter bisher gesehen, liest man.

Das Klima im Talkessel ist rauer. Die Kälte strahlt von den Felswänden ringsum, stäubt von den Wasserfällen. Es ist gut vorstellbar, dass die Sonne hier nur im Sommer über den Horizont steigt. Wer den schmalen Wanderweg hinaufgeht, mag ein Happy End erleben: Überraschend schaut blankes Eis unter dem Geröllberg hervor. Mitte August 2020 haben ein Steinsturz und ein heftiger Sturm Steine und Schlamm losgetreten. Diese sind über das bedeckte Eis nach unten gerutscht und haben teilweise Geröll weggewaschen. Nun zeigt also der verborgene Gletscher seine bläuliche, geschätzt 30 Meter hohe Eiswand. Laufend rieseln und poltern Steine herab. Schlammgraues Schmelzwasser rauscht nach unten.

Womöglich wird der Boden auch durch Permafrost stabilisiert, sodass sich die steilen Schutthänge halten können. Der Hintersulzfirn züngelt bis auf etwa 1.800 Meter über Meer hinab. Das macht ihn zu einem der tiefstgelegenen Gletscher Europas. Wird die Geröll- und Schuttdecke wachsen, dann wird sich der Geheimnisvolle wieder verstecken. Aber dafür einen guten Klimaschutz haben.

Adresse Durnachtal, 8783 Linthal | **ÖV** S 6, S 25 nach Linthal | **Anfahrt** A 3, Ausfahrt 44 Niederurnen, auf der N 17/ Hauptstrasse bis Linthal, zu Fuss ins Durnachtal aufsteigen | **Tipp** Im Durnachtal leben viele und nicht allzu scheue Murmeltiere. Ausschau halten lohnt sich.

49 Das grüne Data Center

99,9 Prozent Wasserkraft, 0,1 Prozent Solarpanel

Wer sich unter diesem Ort einen geheimen Bunker in den Alpen oder einen schummrigen Technikraum mit aneinandergestellten Racks voller surrender und blinkender Server vorstellt, liegt falsch. Na ja, mehrheitlich. Im Data Center Light in der alten Spinnerei Linthal gibt es schon ein oder zwei Rechner, die Lärm machen. Zudem steht hier ein einziger Serverschrank. Dieser ist allerdings leer. Die Rechner sind nämlich nicht dicht aufeinander in diesem Rack montiert, sondern stehen weit voneinander entfernt auf Gestellen. Pro Rechner sind es vier Quadratmeter, 160 Mal mehr als in einem gewöhnlichen Rechenzentrum. Der Grund: Das Data Center Light verzichtet auf eine Kühlung. Die grosszügigen Platzverhältnisse, eine Aussenluftregulierung und konstante Temperaturen wirken effektiv. Dadurch lässt sich der Energieverbrauch massiv reduzieren.

Ein Rechenzentrum muss man sich wie ein Wohnhaus vorstellen. Statt Wohnungen wird hier Speicher- und Rechenplatz auf Hochleistungsservern vermietet. Mieter sind Schweizer und internationale Firmen, zum Beispiel Hosting-Provider. Der Datenaustausch funktioniert über die Hochgeschwindigkeitsinternetverbindung, welche dank Glasfasernetz vorhanden ist. Jede «Wohnung» ist mehrfach gesichert, und die Systeme arbeiten auch mit möglichen Ausfallzeiten zuverlässig.

Wäre das Data Center Light ein Haus, dann mindestens mit Minergie-Standard. Das Areal der ehemaligen Spinnerei hat ein eigenes Wasserkraftwerk und auf dem Dach ein Solarpanel. Der Strom wird also lokal und mit erneuerbaren Energien produziert. Zudem setzen die Betreiber auf die Nutzung vorhandener Infrastruktur. Da ist die rezyklierte Hardware. Und da sind die bestehenden Industriehallen, die sich ideal umnutzen lassen und Ausbaupotenzial haben. Auch für noch mehr Rechenkapazität. In Linthal dürfte also auch in Zukunft weiterhin umweltfreundlicher Platz zu vermieten sein.

Adresse c/o Ungleich Glarus AG, Bahnhofstrasse 1, 8783 Linthal, www.datacenterlight.ch | ÖV S 6, S 25 nach Linthal | Anfahrt A 3, Ausfahrt 44 Niederurnen, auf der N 17/Hauptstrasse bis Linthal, vor der Kirche rechts in Seggenstrasse, nach der Brücke links in den Linthpark | Tipp Der Linthpark in der alten Spinnerei ist ein gutes Beispiel für die Umnutzung eines Industrieareals für Gewerbe/Kunst/IT und Wohnen.

50 Der Kirchturm

Gott – und dem Satellitensystem – sei Dank

Wie mit hohen schwarzen Schlitzaugen guckt er hinter dem Grasdamm und dem Gebüsch hervor. Würde man den alten Kirchturm mit den vertikalen obersten Fenstern mit einem Gesicht vergleichen, es hätte eine Miene von Traurigkeit und Müdigkeit. Kein Wunder, die Kirche wurde ja bereits 1283 erbaut, von «Meister Walter und sin son Ulrich», der Sigrist wurde. Das fromme Haus sollte Gefahren vom Berg wie Lawinen und Steinstürze bannen. Der Berg wurde nach der Kirche Kilchenstock benannt.

Vom Kilchenstock mit seinen erodierenden Runsen und instabilen Gesteinsschichten sind schon einige Steinschläge und Murgänge ausgegangen. Schlamm und Wasser sind mehrmals in Linthal gelandet. Da die Steinmassen öfters auch die Kirche beschädigten, beschloss man im Jahr 1905, das Kirchenschiff abzureissen. Der einsame Kirchturm hielt aber bisher allem Unglück stand. Auch einer mächtigen Lawine im Jahr 1909. Als 1930 Felsmassen vom Gipfel Richtung Tal zu rutschen begannen, wurde eifrig ein Schutzwall gebaut, der Geschiebe aufhalten sollte. Nur der Geologe Albert Heim warnte damals vor akuter Gefahr. Die Glarner Regierung forderte daraufhin, dass 61 Häuser verlassen und 513 Menschen evakuiert werden müssten.

Das Schlimmste blieb aus. Linthal, bekannt für das Klausenpassrennen, wurde für kurze Zeit zu einem Ort für Katastrophentourismus. Auch selbst ernannte Experten reisten an. Sie stiegen mit Pendeln und Wünschelruten auf den Berg und verbreiteten Theorien, dass etwa unter dem Berg ein Gletscher oder ein unterirdischer See lagere. Zwar macht der Berg immer wieder auf sich aufmerksam, mit Donnergrollen, mit Rutschungen. Der alte Kirchturm wacht aber weiter einsam hinter dem Damm. Die schützende göttliche Hand und ein modernes Satellitennavigations-Überwachungssystem sorgen dafür, dass Linthal hoffentlich weiterhin von einer Bergsturz-Katastrophe am Kilchenstock verschont bleibt.

Adresse Scheidgasse, 8783 Linthal | ÖV S 6, S 25 nach Linthal | Anfahrt A 3, Ausfahrt 44 Niederurnen, auf der N 17/ Hauptstrasse bis Linthal, gleich vor dem Volg links einbiegen | Tipp Freuler's Race Café an der Hauptstrasse 2 ist Bistro und Motorrad-Oldtimer-Museum zugleich (Mai – Okt. Fr – So).

51 Das Wohnhaus

Souvenir des Grandhotel Stachelberg

Hinter dem Gebäude der Braunwaldbahn steht ein vierstöckiges Wohnhaus: gelber Verputz, dunkelgrüne Fensterläden, eine Veranda mit Korbstühlen und eine Terrasse im ersten Stock. Kaum zu glauben, dass dieses Gebäude einst eines der vier Kurhäuser des berühmten Bad Stachelberg war. Eine Adresse, die bis zum Ersten Weltkrieg die noble Gesellschaft aus ganz Europa anzog.

Diese kam wegen der Schwefelquelle oben am Stachelberg, welche gegen so ziemlich jedes Leiden half. Gegen Ende des 18. Jahrhunderts hatte man begonnen, das faulig riechende Wasser für Trinkkuren abzufüllen. 1830 wurde dann eine geräumige Badeanstalt gebaut. 1860 wurde das zweite Kurhaus errichtet, 1885 das dritte sowie die Dependance Villa Secken. Um 1900 wurden die Gebäude elektrifiziert, sanitäre Anlagen in den Zimmern installiert, ein Hotellift wurde eingebaut.

Zu dieser Zeit soll es gar eine Eisenbahnverbindung von Paris nach Linthal gegeben haben. Zur Kur kamen illustre Gäste wie Kaiser Napoleon III., die Herzogin von Orléans, der deutsche Komponist Richard Wagner und viele weitere. In Bad Stachelberg erholte man sich im Wasser, flanierte im Garten, spielte Tennis, tanzte im Salon, speiste im grossen Saal. Der Hoteldirektor sass am Kopf des langen Tisches, an den beiden Längsseiten die Kurgäste. Die Küche muss vorzüglich gewesen sein, so listet eine Speisekarte für eine Hochzeitsgesellschaft «Austern, Schildkrötensuppe, Rheinsalm, Gänseleberschnitten, Rehkoteletten, gefüllte Wachteln, Pouletfilet» auf.

Mit dem Luftkurort Braunwald bekam Bad Stachelberg Konkurrenz. Und mit dem Ausbruch des Krieges 1914 blieben die Gäste ganz aus. Der Betrieb ging in Konkurs. Nur ein einziges Gebäude steht noch – der streng klassizistische Bau von 1830, gelber Verputz, grüne Läden. Eine Badeanstalt, 24 Gästezimmer, einen Speisesaal und ein Billardzimmer gab es darin früher. Heute sind es vier Mietwohnungen.

Adresse Stachelberg 7, 8783 Linthal | **ÖV** S 6, S 25 nach Linthal Braunwaldbahn | **Anfahrt** A 3, Ausfahrt 44 Niederurnen, auf der N 17/Hauptstrasse bis Linthal, rechts abbiegen zur Talstation Braunwaldbahn | **Tipp** Beim Berglistüber Wasserfall kann man «hinter den Wasservorhang» laufen.

52 Der Oberblegisee

Schauerlich schöne Badefreuden

Im grünblauen Wasser spiegeln sich die markanten Eggstöcke und die Wand des Glärnischmassivs. Die letzten Schneefetzen an der Bergwand, der tiefblaue Himmel, die vorbeiziehenden Wolkengebilde – die Seeoberfläche reflektiert ihre Farben, füllt das Bild mit hellen und dunklen Tönen. Bis zwei Schwimmer Wellen in die stille Oberfläche werfen und die Naturspiegelungen verzerren.

Ob die Schwimmer die Sage vom Oberblegisee kennen? Sie handelt von einem jungen Geisshirten, der an einem heissen Tag im See schwimmen ging. Der Bauer warnte ihn, er solle das Unglück nicht herausfordern. Doch der Junge sprang übermütig ins Wasser und schwamm quer hinüber. In der Mitte des Sees zog es ihn aber unter Wasser – und er tauchte nicht mehr auf. Seine Mutter unten im Tal ging etwa zur selben Zeit Wasser holen. Als sie es im Leuggelbach schöpfte, spülte der Bach just in diesem Moment den Kopf ihres Sohnes an.

Nun, fürchten muss man sich nicht beim Baden. Gefährlich ist der Bergsee mit einer Maximaltiefe von 30 Metern nicht, aber vielleicht etwas frisch mit seiner Lage auf 1.422 Metern über Meer. Sein unterirdischer Abfluss ist noch wenig erforscht. Gespeist durch wilde Bergbäche, versickert das Abwasser im Lockergestein auf dem Grund. Entstanden ist der Oberblegisee durch eine Gletschermoräne. Er liegt im Zungenbecken eines späteiszeitlichen Gletschers, der mächtigen Südostwand des Glärnischmassivs zu Füssen.

Viele Wanderer finden den Weg hinauf von der Bergstation Brunnenberg oder auf einer Wanderung ohne grosse Höhendifferenz von Braunwald her. Und auch wenn der attraktive See schönere Sagen verdient hätte, die Geschichte vom Geissenhirten hat die Brauerei Adler in Schwanden zu ihrem Spezial-Sagenbier «Geisser» inspiriert: ein kräftiges Bockbier mit hopfenaromatischem Duft. Und das ist doch ein versöhnliches Happy End dieser phantastischen Geschichte.

Adresse 8775 Luchsingen | **ÖV** S 6, S 25 nach Luchsingen-Hätzingen, zehn Minuten zu Fuss zur Talstation | **Anfahrt** A 3, Ausfahrt 44 Niederurnen, auf der N 17/ Hauptstrasse nach Luchsingen, nach der Bushaltestelle Schulhaus zur Luftseilbahn Brunnenberg (Wegweiser), ab Bergstation eine Stunde Wanderung | **Tipp** Im Luchsingertobel, etwa 15 Minuten zu Fuss ab Talstation, liegt eine 1542 erstmals erwähnte Schwefelquelle.

53 Die Orgelbauer

Lassen sogar die Sixtinische Kapelle erklingen

»Organisten sind die Künstler, die spielen und komponieren», sagt Franz Höller, «und wir wiederum sind die Künstler fürs Bauen.» Die Orgelbaufirma Mathis stellt Orgeln her, und zwar vom Baum bis zum Instrument. So ist die Werkhalle Lager für naturgetrocknetes Schweizer Holz, Schreinerei, Werkstatt für Filzverarbeitung und Schlosserei in einem. Einzig die Blechpfeifenherstellung ist ausgelagert. Der Pfeifenbauer liefert allerdings stumme Pfeifen. Erst die Fenster in den Pfeifen sorgen für den Ton. Das Zusammenspiel von raffiniertem Handwerk und einer guten Klangvorstellung und Feinjustierung der Intonation machen die hohe Kunst des Orgelbaus aus.

Über 400 Mathis-Orgeln gibt es weltweit. Ihr guter Ruf fand sogar im Vatikan Gehör. Nicht zuletzt auch dank der Empfehlung eines Abts vom Kloster Einsiedeln, wo ebenfalls eine Glarner Orgel ertönt. Die Geistlichen in Rom hatten aber Sonderwünsche: Für die Sixtinische Kapelle sollte die Königin der Instrumente kompakt und wegen der Fresken von Michelangelo nicht fest installiert sein. Zudem musste sie ohne Demontage fahrbar sein. Doch wie verschiebt man so einfach mehr als drei Tonnen Gewicht? Möglich macht es ein elektrohydraulisches Fahrzeug der Firma Inauen-Schätti, das «Orgel-Mobil». Damit kann das Instrument mit einer Geschwindigkeit von 1,5 Kilometern pro Stunde in etwa 40 Minuten in einen Nebenraum der Sixtina gefahren werden.

Jede Mathis-Orgel ist übrigens ein Unikat, das zweimal aufgebaut wird. Zuerst in der Werkstatt. Hier kann man jedes Detail prüfen. Dann wird das Instrument auseinandergenommen und am Bestimmungsort neu aufgestellt und gestimmt. So auch bei der Lieferung in den Vatikan. In der Sixtinischen Kapelle durften die Orgelbauer nur nachts arbeiten. Allein inmitten von Michelangelos Meisterwerken die Pfeifen zu intonieren, Raum und Klang zur Einheit werden zu lassen – welch ein monumentales Finale für diesen Spezialauftrag.

Adresse Hauptstrasse 5, 8775 Luchsingen, www.mathis-orgelbau.ch | ÖV S 6, S 25 nach Luchsingen-Hätzingen, vom Bahnhof zehn Minuten zu Fuss auf der Hauptstrasse nach Norden | Anfahrt A 3, Ausfahrt 44 Niederurnen, auf der N 17/ Hauptstrasse nach Luchsingen | Tipp Zu Luchsingen gehört der Weiler Adlenbach am Hang. Die hübschen alten Glarner Häuser bilden einen Ortskern von nationaler Bedeutung.

54 Die Absturzstelle

Der Flugpionier, der vom Himmel fiel

Am 29. März 1922 hörten die Bewohner von Matt während eines Schneesturms das Aufheulen eines Flugmotors, das plötzlich verstummte, statt wie üblich langsam zu verhallen. Niemand kam auf die Idee, dass sich oben am Berg ein Drama abspielte.

Der 28-jährige Walter Mittelholzer war in seinem Einsitzer-Jagdflugzeug von Mailand nach Dübendorf unterwegs. Im dichten Nebel und Schneesturm über den Alpen verlor er die Orientierung. Er navigierte mit Kompass, und als er glaubte, über der Linthebene aus dem Nebelmeer herauszustossen, ging er auf Sinkflug. Der Wind hatte ihn aber vom Kurs abgebracht. Sein Vogel taumelte. Plötzlich flitzte eine schwarze Felswand vorbei, dann eine helle Schneefläche. Mittelholzer riss das Höhensteuer an sich, das Flugzeug bäumte sich auf. Dann furchtbares Krachen. Und Stille.

Als der Pilot zu Bewusstsein kam, lag er in einem Schneefeld. Das Schneepolster hatte ihm das Leben gerettet. Etwa 100 Meter über sich entdeckte er das platt gedrückte Wrack seines Fliegers. Mit gebrochenem Knie und Oberschenkel und blutüberströmtem Gesicht rutschte Mittelholzer talwärts zu einer Alp mit einfachen Hütten. Da die Türen verschlossen waren, zwängte er sich durch ein Fenster. Die wenigen Zündhölzer, die er fand, waren zu nass. So verbrachte er die eiskalte Nacht in der Hütte. Am nächsten, wolkenlosen Morgen erkannte er, wo er war: auf dem Mittelstafel der Alp Riseten. In einer Odyssee, dank riesigem Überlebenswillen, humpelte, kroch und rutschte er hinunter nach Matt, wo er nach Mitternacht ankam und auf Hilfe traf. Gut, hatte das Gasthaus Elmer an jenem Abend Freinacht.

Walter Mittelholzer blieb seinen Passionen, der Fliegerei und der Fotografie, weiter treu. Später flog er als Erster von Zürich nach Südamerika und über den Kilimandscharo. Er war Mitbegründer und Chefpilot der Fluggesellschaft Ad Astra Aero. Daraus entstand später die Swissair.

Adresse Alp Riseten Mittelstafel, 8766 Matt | **ÖV** S 6, S 25 nach Schwanden, Bus 541 nach Matt Station | **Anfahrt** A 3, Ausfahrt A 44 Niederurnen, auf der N 17/ Hauptstrasse nach Schwanden, Richtung Elm abzweigen und bis nach Matt, zu Fuss ins Krauchtal | **Tipp** Das Gasthaus Elmer gibt es auch heute noch. Serviert werden Glarner und Bündner Spezialitäten.

55 Der Badeplatz

Brrr … aber kalte Wasser tun gut

Wovon es im Glarnerland reichlich gibt? Wasser. Wer braucht schon ein Schwimmbad, wenn Flüsse und Bäche Abkühlung bringen. Die Matter haben den Sernf und den Krauchbach. An beiden Gewässern laden kleine Badepools an einem heissen Sommertag oder nach einer schweisstreibenden Wanderung zur Erfrischung ein.

Natürlich gibt es viele Möglichkeiten, ins Wasser zu steigen. Eine der Badestellen findet sich gleich am Eingang zum Krauchtal. Wenige Meter nach dem Parkplatz gibt es auf der Krauchtalstrasse rechter Hand ein Plätzchen mit Kies und Holzstämmen. Von dort steigt man über die grossen Steine wie über eine Treppe hinunter zum Bach. Das Schöne an diesem Ort ist das Farbenspiel: Im Krauchbach schimmern die Steine in unterschiedlichen Farbtönen – von Hell- bis Blaugrau über Türkisgrün bis hin zu Rosa. An kleinen Pools lässt es sich planschen – oder zumindest die Füsse eintauchen. Die Temperatur: brrr, kalt.

Dabei hat Kaltbaden in Matt Tradition. So findet sich in einer alten Schrift die Notiz: «In dem von einer starken Quelle gespiesenen kleinen Wasserbecken des sogenannten Kaltbades pflegten einst im Monat August die von Rheumatismen geplagten Bewohner des Sernftals zu baden.» Das Kaltbad liegt im Krauchtal, nicht weit entfernt vom Unterstafel. Dass Rheumageplagte ins kalte Wasser gehen, leuchtet ein. Heute bezeichnet man das als Kältetherapie. Kälte schaltet das Schmerzempfinden aus, dämmt Entzündungen ein, stärkt die Abwehrkräfte und sorgt so für Linderung auf Zeit. Auch Sportler nutzen Kaltwasserbecken oder eine Eiswanne, um Muskelkater zu verhindern und schneller zu regenerieren. Und noch etwas Positives bringt so ein Gänsehaut-Bad: Der Kälteschub wirkt als Muntermacher, aktiviert den Organismus. Nebenwirkungen sind ein Gefühl von Vitalität und gute Stimmung. Daran sollte man denken, wenn man das nächste Mal in den Sernf oder den Krauchbach hineinsteigt.

Adresse Krauchtalstrasse, 8766 Matt | **ÖV** S 6, S 25 nach Schwanden, Bus 541 nach Matt Station | **Anfahrt** A 3, Ausfahrt A 44 Niederurnen, auf der N 17/Hauptstrasse nach Schwanden, Richtung Elm abzweigen und bis nach Matt, am Dorfeingang links in Dorfstrasse/Alte Strasse und beim Bach links in Krauchtalstrasse | **Tipp** Die Luftseilbahn Matt–Weissenberge führt zur hübschen Walsersiedlung, die als sonnenreichster Ort im Kanton Glarus gilt.

56 Das Hühnerdaheim

Da lachen die Hühner

Da ist Lola, die Modebewusste. Mimi, die Tratschige. Luna, die Souveräne. Nanni, die Zutrauliche. Da sind zwei vor Ort ausgebrütete Chefs, Abraxas und Tofino, sowie eine weitere kleine Hühnerschar. Die gefiederten Bewohner verbringen einen schönen Lebensabend im Hühnerheim Sorello. Die meisten von ihnen haben in ihrem Arbeitsleben sehr viel geleistet: als hochgezüchtete Legehennen, die praktisch jeden Tag ein Ei legen und danach entsorgt werden. Ein Glück für die wenigen, die zu Monika Schröder-Brak in die Hühner-Seniorenresidenz umziehen, vielleicht für ein halbes Jahr oder ein Jahr. Hier bekommen sie Ruhe, Auslauf, Aufmerksamkeit. So werden die anfangs zerrupften, ängstlichen und aggressiven Tiere zutraulich, bauen Muskeln auf. Manche Hühner legen sogar Eier.

Monika Schröder-Brak ist Tierhomöopathin. Vor wenigen Jahren machte sie ein Praktikum auf einem Hühnerhof, um das Verhalten der Hühner zu studieren. Dabei fielen ihr einige Tiere auf, die nicht gut aussahen. Später nahm sie drei davon zu sich. Für diese baute sie einen Stall und überliess ihnen den 1.000 Quadratmeter grossen Garten mit einem Waldstück und vielen Verstecken.

Täglich verbringt die Hühnerflüsterin Stunden mit ihrer Schar. Sie erkennt Wohlbefinden und Krankheiten. Was sie lernt, möchte sie weitergeben, etwa an Tagen der offenen Stalltür. Für die gefiederten Bewohner gibt es auch nahrhafte Kost inklusive Unterhaltung. Sie schaben nach Mehlwürmern und Insekten. Picken von aufgehängten Salatgurken oder Maiskolben. Suchen nach versteckten Leckerlis mit duftenden Kräutern. Nähren sich von Pasta, Reis, Katzenfutter, Haferflocken sowie Kalk von Muscheln oder Schneckenhäuschen für dichtere Eierschalen.

Vor Monikas Haus auf der grünen Gartenwiese scharren und gackern Lola, Mimi, Nanni und Co. Hin und wieder geraten die krähenden Streithähne aneinander. Monika sagt: «Mich entschleunigt das.»

Adresse Soolerstrasse 21, 8756 Mitlödi, www.sorello.ch | **ÖV** S 6, S 25 nach Mitlödi | **Anfahrt** A 3, Ausfahrt 44 Niederurnen, auf der N 17/Hauptstrasse bis Mitlödi, links auf die Kreuzstrasse abbiegen, nach der Brücke über die Linth 200 Meter weiter | **Öffnungszeiten** auf Anfrage unter Tel. 079/4593594 | **Tipp** Das reich bemalte Schiffmeisterhaus (Rain 3) gehört zu den Kulturgütern von nationaler Bedeutung.

57 Die Kapelle

Wo einst geschossen und abgefeuert wurde

In Tonlage D und F läuten sie, meist am Wochenende. Die kleine, dem Landespatron Sankt Fridolin geweihte wie auch die grosse, der allerseligen Jungfrau und Gottesmutter Maria geweihte Glocke. Dann ruft die katholische Kapelle zum Gebet oder zur Feier.

Kaum zu glauben, dass aus dem lang gezogenen Gebäude einst ganz und gar weltliche Geräusche drangen: das Donnern der Kugeln, das Klirren der gefallenen Kegel, der Knall von Schüssen. Als Kleinkaliber-Stand soll das Haus einst gedient haben. Erbaut wurde es 1895 als Kegelbahn. Damals grenzte das Steinmauer-Fundament den südlichen Rand der Parkanlage ab, die zur «Weissen Villa» gehörte. Der Fabrikant Jacques Trümpy-Heer hatte diese gekauft und schlossähnlich umgebaut. Der englische Parkgarten erstreckte sich über die Bahnlinie bis zur Linth hinunter. Dort stand der Reitstall. Es gab sogar einen See mit Ruderbooten und zwei Schwänen. Und eben ganz standesgemäss auch eine Kegelbahn zur Unterhaltung. 24 Meter lang, ein hölzernes Schiff mit Giebeldach. Gekegelt wurde von Westen nach Osten. Original sind die Jugendstilfenster auf der Nordseite wie auch das Allianzwappen, das über dem ehemaligen Eingang platziert war. Es weist auf den Patron hin: Trümpy-Heer.

1951 wurde die Villa verkauft, die Parkanlage verkleinert. Die Villa ging an die Familie Grüninger, welche im Untergeschoss Margarine produzierte. Das Kegelbahnareal wurde von der Kapellstiftung Mitlödi erworben und dank einem Fonds umgebaut. Um mehr Platz für den Altarbereich zu haben, wurde die Kapelle nach Westen ausgerichtet. Noch im selben Jahr wurde sie feierlich eingeweiht. Nach einer Überflutung im Jahr 1989 bekam das Gotteshaus einen neuen Boden und Altar sowie Stühle statt Bänke.

Ein weiteres Souvenir der einst prächtigen Fabrikanten-Parkanlage steht in der Ecke des Nachbargrundstücks. Es ist die Ruine des Jugendstil-Gartenhäuschens.

Adresse Im Park, 8756 Mitlödi | ÖV S 6, S 25 nach Mitlödi | Anfahrt A 3, Ausfahrt 44 Niederurnen, auf der N 17/ Hauptstrasse bis Mitlödi, am südlichen Ortsende links ins Strässchen «Im Park» einbiegen | Tipp Auf dem Fuss- und Veloweg von Mitlödi nach Ennenda entlang der Linth bietet sich eine Pause in der Waldwirtschaft Uschenriet an.

58 Das Vorklärbecken

Vom Baden und Untergehen

Uff, das riecht ganz schön streng, die braune Brühe im betonierten Trog auf dem Industrieareal der Seidendruckerei sowie der Trümpi AG. Kein Wunder, dient es doch als Vorklärbecken der Abwasserreinigung. Kaum vorstellbar, dass hier in den späten 1940er Jahren gebadet wurde, natürlich in sauberem Wasser. Das Betonbecken wurde von der 1937 gegründeten Seidendruckerei Mitlödi erstellt. Die neue Firma hatte das Areal mit dem imposanten Fabrikgebäude und dem Hänggiturm, an dem Stoffbahnen zum Trocknen aufgehängt wurden, von der Textilfirma Trümpy, Schäppi und Co. übernommen. Diese hatte 1857 mit der Produktion von Türkenkappen und Yasmas begonnen, musste die Fabrikation aber 1935 einstellen.

Die nachfolgende Seidendruckerei baute auf dem Gelände den Betontrog – als fabrikeigene Badeanstalt. Gebadet wurde nach Plan, wie eine Badeordnung aus dem Jahr 1948 festhält: So war das Bad jeweils am Montag und am Mittwochmorgen für die Frauen reserviert. Die Männer durften am Dienstag und am Donnerstagmorgen ins frische Nass steigen. Am Mittwochnachmittag vergnügten sich die Schüler von Sool im Becken, am Donnerstagnachmittag die Schüler aus Mitlödi. Freitag und Samstag waren gemischte Tage, mit streng geregelten Besuchsstunden, versteht sich. Am Freitag durften die Frauen von 9 bis 13 und von 15 bis 18 Uhr, die Herren von 13 bis 15 Uhr ins Wasser. Samstags wurden die Zeiten umgekehrt.

Wann die Mitlödner Badeanstalt unterging, ist nicht überliefert. Der Geschäftsgang der Seidendruckerei selbst verlief wie eine Wellenbewegung, auf und ab. Bekannt als Mitlödi Textildruck AG, konnte man sich im kreativen Bereich mit hochwertigen Designer-Seidenfoulards, Dekorationsstoffen, Bettwäsche sowie Möbelstoffen einen Namen machen. Im Zuge der COVID-19-Krise arg ins Schlingern geraten, ist die einzige Textildruckerei dieser Art in der Schweiz nun aber wieder auf Kurs.

Adresse Fabrikstrasse, 8756 Mitlödi | ÖV S 6, S 25 nach Mitlödi | Anfahrt A 3, Ausfahrt 44 Niederurnen, auf der N 17/Hauptstrasse bis Mitlödi, links via Kreuzstrasse über die Linthbrücke ins Fabrikgelände fahren | Tipp Auf dem Areal steht auch einer der wenigen übrig gebliebenen Hänggitürme im Glarnerland. Dieser kann von aussen besichtigt werden.

59 Das Auditorium

Ein Museum im Tarnanzug

Auf den ersten Blick fügt sich die Scheune idyllisch in die Landschaft am Escherkanal ein. Bei näherem Betrachten wird klar: Es handelt sich um einen getarnten Bunker. In der Linthebene wurden um 1939/40 viele Bunker und Schleusen als Verteidigungsmassnahme im Zweiten Weltkrieg gebaut. Der Plan war, bei einem Angriff das Land durch Zerstören der Kanäle zu überfluten. Dieselben Kanäle, die vor gut 200 Jahren – in strenger Handarbeit und nur mit Hilfe von Ochsen- und Pferdekraft – angelegt worden waren.

Das Linthwerk gilt als Pionierleistung der Ingenieurskunst und des Kanalisationsbaus. Unter der Leitung des Staatsmanns, Naturwissenschaftlers und Philosophen Hans Kaspar Escher wurde im Jahr 1807 mit dem Bau begonnen. Davor war die gesamte Linthebene eine Sumpflandschaft. Der Fluss mäanderte, überflutete regelmässig, hinzu kam ungereinigtes Haushaltsabwasser, welches das Feuchtgebiet zusätzlich verseuchte. Schüttelfieber – die Malaria – grassierte, die Bevölkerung konnte nichts anbauen, die Menschen verelendeten. Erst mit der Kanalisation und der Zähmung der Natur wurde das einstige Notstandsgebiet zu Kulturland. Die Arbeiten an der Gewässerkorrektion dauerten bis zum Ende des 19. Jahrhunderts.

Das Unternehmen war auch über die Landesgrenzen hinaus bekannt. Zahlreiche Persönlichkeiten besuchten die Kanalbaustellen damals. Ob auch Johann Wolfgang von Goethe – ein Zeitgenosse von Hans Kaspar Escher – sich von den Plänen dieses meisterlichen Wasserbauwerks inspirieren liess, wie manche meinen, lässt sich nicht beweisen. Eine Passage im fünften Akt des «Faust» könnte zumindest vage darauf hinweisen.

Überprüfen und anschauen kann man im Linth-Escher-Auditorium dafür Originaldokumente der Linthunternehmung, Werkzeuge des Wasserbaus und ein Modell des Kanalwerks. Die Sammlung befindet sich gut geschützt im ehemaligen Bunker in der falschen Scheune.

Adresse am Escherkanal, 8753 Mollis | ÖV S 6, S 25 nach Mollis | Anfahrt A 3, Ausfahrt 44 Niederurnen, am Kreisel zweite Ausfahrt Schwärzistrasse zum Bahnhof Näfels/Mollis, zu Fuss entlang des linken Damms laufen, 400 Meter ab Linthbrücke | Öffnungszeiten auf Anfrage, Infos unter www.linth-escher.ch | Tipp Informationstafeln entlang des Linth- und Escherkanals dokumentieren die Geschichte des Kanalbaus.

60 Die Filmkulisse

Wo zarte Gefühle spriessen und Begierden blühen

Er spielt keine prominente, dafür aber eine romantische Rolle: der lauschige französische Garten des sogenannten Dekanenhauses. Er hat eine Statistenrolle, nämlich im Historienfilm «Anna Göldin – Letzte Hexe» von Gertrud Pinkus.

An Anna Göldi kommt man im Glarnerland nicht vorbei. 1782 wurde die Magd verhaftet, gefoltert, wegen Hexerei verurteilt und hingerichtet. Sie hatte beim Glarner Ratsherrn, Richter und Regierungsrat Johann Jakob Tschudi gedient und auf dessen kleine Tochter aufgepasst. Das Kind soll angeblich Stecknadeln ausgespuckt haben und verstorben sein. Anna Göldi wurde angeklagt, die Kleine verzaubert zu haben. Ein inszenierter Justizfall, womöglich wollte der mächtige Tschudi die Dienstmagd loswerden, um eine Affäre zu vertuschen. 2008 wurde Anna Göldi vom Glarner Landrat offiziell rehabilitiert.

Anna Göldis Leben war ein Drama mit Liebe, Intrige, Tod. Eine filmreife Geschichte. Mit Cornelia Kempers in der Hauptrolle wurde sie 1991 inszeniert. Viele Szenen wurden damals an Schauplätzen im Glarnerland aufgenommen. So auch im und rund um das Dekanenhaus. Der repräsentative mehrstöckige Giebelbau wurde Anfang des 18. Jahrhunderts für einen Pfarrer und späteren Dekan erbaut. Im bürgerlichen Wohnhaus ist noch viel von der damaligen Ausstattung wie etwa Möbel oder Geschirr erhalten. Für die Filmszenen musste die Küche dennoch extra «alt» verkleidet werden. Gedreht wurde im Esszimmer, im Treppenhaus oder in einer Art Erker, dem sogenannten Lust-Häuschen. Und eben auch im romantischen Garten, wo zwischen Rosenbüschen Gefühle zwischen Anna Göldi und dem jungen Arzt Melchior Zwicky aufblühen. Wegen des Standesunterschiedes war aber eine Heirat unmöglich. Kein Happy End also für die beiden Liebenden, dafür für diesen wichtigen Schweizer Film: 2019 wurde er digitalisiert und ist nun in bester Farb- und Tonqualität auf Streaming-Diensten erhältlich.

Adresse Büchelstrasse 2, 8753 Mollis | ÖV S 6, S 25 nach Mollis, Bus 512 bis Mollis Vorderdorf | Anfahrt A 3, Ausfahrt 44 Niederurnen, am Kreisel zweite Ausfahrt, nach dem Bahnhof links über die Linth zur Kirche, rechts in Vorderdorfstrasse, nach 300 Metern links in Hertenacker- und links in Büchelstrasse | Öffnungszeiten nur von aussen zu besichtigen | Tipp An der Vorderdorfstrasse 59 liegt das Zwickyhaus, in dem die wahre Anna Göldi gedient hatte. Das Prunkzimmer des Zwickyhauses wird als Trauungszimmer genutzt.

61 Der Kopter-Helikopter

Das fliegende Schweizer Taschenmesser

Am Flughafen Mollis wird weiter an der Industriegeschichte geschrieben: Die Kopter AG entwickelt den ersten Schweizer Turbinenhelikopter. SH09 heisst das Programm dieses neuen, leichten und leistungsfähigen einmotorigen Hubschraubers in der 2,5-Tonnen-Klasse.

In der Hangarhalle steht ein früher Prototyp des Helikopters. Erste Testflüge werden jeweils im Glarnerland ausgeführt. Wer Glück hat, sieht den Helikopter auf dem Flugfeld abheben. Danach werden die Prototypen nach Sizilien verlegt, wo das Wetter stabiler und ein hindernisfreies Fliegen möglich ist. Auf dieser Testbasis sind sie auf Zertifizierungsflügen viele Flugstunden in der Luft.

Was den Helikopter aus der Schweiz so einzigartig macht? Der neue Einmotorenhubschrauber ist leicht und wettbewerbsfähiger als die Konkurrenz. Dabei kombiniert er neueste Technologien und Sicherheitsmerkmale. So besitzt er etwa einen crashsicheren Airframe und eine grosse Kabine für bis zu acht Passagiere. Seine fünf Rotorblätter sorgen für einen ruhigeren Flug. Flugtauglich ist er in einem weiten klimatischen Spektrum – somit kann er auf dem gesamten Weltmarkt abheben.

Das Multitalent SH09 ist für verschiedene Zwecke in der zivilen Luftfahrt einsetzbar: Rettung, Tourismus, Shuttle, Transport, Feuerwehr, Inspektion, Sprayflüge, Evakuierung, Polizei oder als TV-Helikopter – durchaus passend, dass der Heli als «fliegendes Schweizer Taschenmesser» bezeichnet wird. Sobald die Typen-Zertifizierungen der europäischen und amerikanischen Luftfahrtbehörden eingegangen sind, soll mit der Serienproduktion begonnen werden. Diese wird voraussichtlich in Italien stattfinden, da die Schweizer Firma 2020 an den italienischen Luftfahrtkonzern Leonardo verkauft wurde. Am Sitz in der Schweiz soll die Kopter-Gruppe aber weiterhin als eigenständige Einheit und Leichthubschrauber-Pionierin an weiteren Entwicklungen arbeiten.

Adresse Flugplatzareal 6, 8753 Mollis, www.koptergroup.com | ÖV S 6, S 25 nach Mollis, Bus 512 nach Mollis Baumgartenstrasse, 20 Minuten zu Fuss | Anfahrt A 3, Ausfahrt 44 Niederurnen, am Kreisel zweite Ausfahrt, via Bahnhof links über die Linth auf die Netstalerstrasse / Flugplatz | Öffnungszeiten nur von aussen zu besichtigen | Tipp In Mollis verbringt ein besonderes Kampfflugzeug seinen Ruhestand: der Hunter MK 58, der zum Graffiti-Hunter wurde.

62 Das Laternenweg-Fondue

Heu und Herz – eine charmant-genussvolle Mischung

Jedes Jahr im Winter bekommt der Mullernberg Zuwachs: Das hölzerne Hüttli am Waldrand steht von Dezember bis Februar und dient als temporäres Fonduestübli. Nicole und Adrian Winteler, die auf Mullern wohnen und auch einen Biohof betreiben, haben es selbst entworfen und gebaut. Nachdem alle Anforderungen an Brandschutz und Rauchabzug optimal gelöst wurden, können es sich Gäste nun an winterlichen Abenden rund um das offene Feuer im Häuschen gemütlich machen.

»Heu und Herz» nennt das junge Paar sein kleines kulinarisches Angebot. Dazu gehört im Sommerhalbjahr ein Selbstbedienungs-Beizli mit Kühlschränken, gefüllt mit lokalen Produkten und Leckereien. Nicht nur Wanderer und Biker lockt die ruhige Hochebene auf 1.200 Metern über Meer mit ihrer Natur, sondern genauso Winterausflügler und Schneeschuhwanderer. Wäre der kurze Wanderweg vom Parkplatz hinauf durch den verschneiten Wald im Kerzenschein nicht viel stimmiger, hatte sich Nicole Winteler überlegt. Und wäre es nicht eine Freude, nach einem kleinen Spaziergang im Schnee an einem heimeligen Ort einzukehren? Gesagt, getan – die Idee zum Laternenweg-Fondue war geboren.

So weisen hübsche Laternen mit flackernden Kerzen die Besucher Richtung Fonduehüttli. Drinnen knistert bei Ankunft bereits das Feuer. Wie Pilze wirken die Baumstammhocker mit Sitzkissen, die sich rund um die Flammen gruppieren. Getränke stehen zur Selbstbedienung bereit – Strichliste und Bezahlung ins Kässeli sind Ehrensache. Mit extralangen Spezialgabeln wird das Brot ins Käsefondue getunkt, das im Kessel direkt auf dem Feuer kocht. Wie lange man hier sitzen, Scheite nachlegen und geniessen will, ist den Gästen überlassen. Sich von der wohligen Wärme zu verabschieden und durch Schnee und Wald wieder hinunterzulaufen fällt nämlich gar nicht so leicht. Gut, brennen die Kerzen in den Laternen am Weg rund zehn Stunden lang.

Adresse Mullern 2, 8753 Mollis, www.heu-und-herz.ch | Anfahrt A3, Ausfahrt 44 Niederurnen, in Näfels links, Wegweiser Kerenzerberg folgen und dann in Mollis rechts in die Kännelstrasse Richtung Fronalp-Mullern abzweigen, bis zum Parkplatz am Wald hochfahren | Öffnungszeiten nach Reservation, Dez.–Feb. Fr und Sa | Tipp Über Mullern führt der Schabziger Höhenweg, dessen Stationen die Geschichte des Zigers erklären.

63 Die mobile Brennerei

Störbrennen – alles andere als eine Schnapsidee

Wo es raucht und dampft, zischt und gurgelt, dort ist Martin Pianta zu finden. Mit seinem mobilen Brennwagen ist der Schnapsbrenner vier bis sechs Monate im Jahr unterwegs, im Glarnerland und am Oberen Zürichsee. Dann stellt er seine vom Traktor gezogene Destillerie bei Bauern ab, die ihre Zwetschgen, Äpfel, Birnen, Kirschen, Quitten und Trauben zu Hochprozentigem verarbeitet haben möchten.

Schon als Kind hatte ihn das Rauchen und Zischen fasziniert, wenn auf dem elterlichen Bauernhof jeweils der Lohnbrenner vorgefahren war. Später arbeitete auch sein Vater als Schnapsbrenner, und Martin Pianta übernahm das Handwerk von ihm. Von der langen Tradition zeugt seine Destillerie auf vier Rädern: Zwei der kupfernen Brennhäfen sind aus dem Jahr 2002, der dritte von 1989. Der Dampfofen stammt gar von 1943. Diesen füttert er regelmässig mit Holzscheiten, kontrolliert die Hitze. Ein Schnaps müsse langsam und kontinuierlich brennen, so gebe man den Aromen Zeit, sich zu entwickeln. Ganz nach dem Motto «Die faulsten Brenner sind die besten». Zum Geheimnis des guten Schnapsbrennens gehört ebenso eine gute Maische aus gesundem, reifem Obst. Und vor allem das saubere Abtrennen von Vor- und Nachlauf. Weder der Vorlauf mit seinen leichten flüchtigen Alkoholen noch der Nachlauf mit schweren ätherischen Ölen sind geniessbar. Wann dazwischen das feine Destillat in den Behälter fliesst, das erkennt der erfahrene Brenner – oder vielmehr seine geübte Nase.

Martin Pianta brennt fürs Brennen. Wenn er nicht auf Stör ist, widmet er sich seiner «Pianta Brand»-Kollektion mit Schnäpsen, Likören, Alpenbitter, Whisky. Zu seinen bekanntesten Edelbränden gehört der «Hirnibigger», ein charaktervoller Honigkräuterbrand für Geniesser mit Charakter. Für Qualitätsdestillate – und Filzkreationen seiner Frau Antoinette – ist man in seinem Laden in Mollis auf alle Fälle direkt an der Quelle.

Adresse Vorderdorfstrasse 38, 8753 Mollis, www.filzundgeist.ch | **ÖV** S 6, S 25 nach Mollis, Bus 512 nach Mollis Vorderdorf | **Anfahrt** A 3, Ausfahrt 44 Niederurnen, am Kreisel zweite Ausfahrt, vorbei am Bahnhof, links über die Linth zur Kirche, rechts in Vorderdorfstrasse | **Öffnungszeiten** Fr 14 – 18 Uhr, Sa 8 – 12 Uhr | **Tipp** Der Glarner Planetenweg führt entlang des rechten Ufers der Linth von der gelben Fabrik bis zum südlichen Ende des Flugplatzes.

64 Der Rokoko-Garten

Nach alten Plänen originalgetreu rekonstruiert

Zu einem herrschaftlichen Haus gehört ein repräsentativer Garten. Das gilt auch für das Wohnhaus Hof in Mollis. Nicht ganz geklärt ist der Name des Architekten. Oft wird in diesem Zusammenhang Conrad Schindler genannt, der Erbauer und Hausherr des Herrensitzes Haltli. Für seinen Bruder Kaspar soll er die klassizistische Villa Hof im Jahr 1786 etwas weniger prachtvoll als sein eigenes schlossartiges Haus gezeichnet haben. Conrad Schindler hatte in Paris studiert und soll sich an den französischen Rokokostil angelehnt haben.

Nun, die herrschaftlichen Zeiten liegen über 200 Jahre zurück. Nach und nach verwilderte der Garten. Bäume nahmen das grüne Reich ein, sodass der einstige Ziergarten immer mehr zu einem Wäldchen wurde. Erst nachdem die Liegenschaft 1969 in eine Stiftung für ein Altersheim umgewandelt worden war, wurde später auch der Garten nach alten Plänen rekonstruiert: Rokoko-Gärten setzen auf bewegte konkave Formen, auf Leichtigkeit: Ornamentale Buchsbaumhecken formen sanfte Wellen und Kreise. Umschliessen ein Beet mit rosa und roten Rosen, wo früher wohl auch Gemüse und Kräuter gezogen wurden. Kreisen in einer ovalen Form im Zentrum des Gartens als Bäumchen gezogene Straucheibische ein. Ein attraktiver Gartenpavillon mit Pilaster und stichbogigem Fenster schliesst den Garten auf der Südseite ab. Seine Rückseite ist als Orangerie auf ganzer Höhe verglast.

Interessant ist, dass der Garten angelegt wurde, als in Europa die verspielten Rokokogärten bereits durch englische Landschaftsgärten abgelöst worden waren. Vielleicht fehlen im Hof-Garten deshalb Terrassierungen sowie typische Dekorationen wie Wasserspiele, Brunnen, Skulpturen oder Vasen. Oder vielleicht entsprach dies auch einfach dem Geschmack des früheren Hausherrn Kaspar Schindler, der vielmehr auf simple, aber schöne Proportionen setzte. Ganz so wie bei der Villa Hof selbst.

Adresse Steinackerstrasse 4b, 8753 Mollis | **ÖV** S 6, S 25 nach Mollis, Bus 512 bis Mollis Vorderdorf | **Anfahrt** A 3, Ausfahrt 44 Niederurnen, am Kreisel zweite Ausfahrt, nach dem Bahnhof links über die Linth zur Kirche, rechts in Vorderdorfstrasse, nach 300 Metern links in Hertenacker-/Steinackerstrasse | **Tipp** Im Haus Hof befindet sich das Ortsmuseum Mollis mit spannenden Ausstellungen (Di 14–17 Uhr).

65 Das Schulerhaus

Vom Mann, der die Idee der Proteinsuppe auftischte

Eine Gedenktafel an der Hausfassade erinnert an den Fabrikinspektor Fridolin Schuler (1832–1903). Der Molliser Arzt wurde 1878 zum ersten eidgenössischen Fabrikinspektor ernannt. Er setzte sich für normale Arbeitszeiten und den Schutz von Frauen, Wöchnerinnen und generell der Arbeiter ein. Und er befasste sich als Arzt auch mit der Mangelernährung der Arbeiterschaft.

In einem Referat im Jahr 1882 rechnete Schuler der Schweizerischen Gemeinnützigen Gesellschaft vor, dass einem Arbeiter für das Essen pro Tag nur 36 bis 40 Rappen zur Verfügung stünden. Kein Wunder, bestand der Menüplan nur aus dünnem Kaffee, Kartoffeln und vor allem Kartoffelschnaps, von dem eine Flasche nur 50 Rappen kostete. Das wichtige Eiweiss, ein «ordentliches Stück Fleisch», war unerschwinglich. Der Arzt verwies aber gleichzeitig auf Hülsenfrüchte, die «hervorragende Werthe» von Protein enthielten. Wenn es nur gelingen würde, diese in eine einfache, billige und rasch zubereitete Verarbeitungsform zu bringen.

Diese Idee kam Julius Maggi, einem Müller aus Kemptthal, zu Ohren. Er experimentierte an einem Spezialmehl aus Erbsen, Bohnen, Linsen. Zwei Jahre später wurde das Leguminosenmehl der Gemeinnützigen Gesellschaft in Form von Suppe und Brei, Kroketten, Brot, Löffelküchlein und Omeletten aufgetischt. Das Mehl liess sich in einer Viertelstunde zu Suppe oder Brei kochen. Ein Teller enthielt 30 Gramm Eiweiss und kostete drei Rappen. Prompt erhielt Maggi den Auftrag, die neue Volksnahrung auf den Markt zu bringen. Später tüftelte er weiter und entwickelte auf Basis des Hülsenfrüchtemehls die erste kochfertige Suppe. 1887 lancierte er die berühmte Maggi-Würze und wurde mit seinen Instant-Food-Produkten bekannt.

Schmackhaft gemacht hatte ihm die günstige eiweissreiche Pflanzenernährung der Arzt und erste staatliche Fabrikinspektor der Schweiz: Fridolin Schuler aus Mollis.

Adresse Hertenackerstrasse 5, 8753 Mollis | ÖV S 6, S 25 nach Mollis, Bus 512 bis Mollis Vorderdorf | Anfahrt A 3, Ausfahrt 44 Niederurnen, am Kreisel zweite Ausfahrt, vorbei am Bahnhof, links über die Linth zur Kirche, rechts in Vorderdorfstrasse, nach 300 Metern links in Hertenackerstrasse | Tipp Der schöne Dorfkern von Mollis mit seinen Herren- und Wohnhäusern aus verschiedenen Epochen wurde 1975 durch den Europarat ausgezeichnet.

66_Das Filmdorf

Eine Himmelfahrt auf Kommando des Regisseurs

Kabumm! Plötzlich ein lauter Knall mitten im Dorf. Eine massive Explosion lässt einen Feuerball und Rauch hoch in den Himmel steigen. Ein tragisches Unglück: Ein VW-Bus mit amerikanischen Sektenmitgliedern ist zwischen den Häusern explodiert. Aber keine Sorge, das ist nur eine Film-Explosion. Denn im Sommer 2011 wurde in Mühlehorn der Schweizer Spielfilm «Himmelfahrtskommando» gedreht. Der Regisseur Daniel Ledergerber hat diese schwarze Low-Budget-Komödie im Stil von Quentin Tarantino oder der Coen-Brüder gedreht.

Im Film geht es um den idyllischen Ort Gottlingen – äh, Pardon, Mühlehorn –, der durch den Unfall der reichen Amis unverhofft zu einer Finanzspritze kommt. Man beschliesst, gefundenes Geld in den maroden Gemeindehaushalt zu integrieren. Schliesslich steht die Sanierung des Altersheims und des Sportplatzes an. So wird der tödliche Zwischenfall verschleiert. Zu dumm nur, dass später weitere Sektenmitglieder aufkreuzen, um nach ihren verschwundenen Kollegen zu suchen. Und die Dorfbewohner sich in ein Netz von Lügen und Gaunereien verstricken. Bekannte Schweizer Darsteller machen mit im «Himmelfahrtskommando»: Beat Schlatter, Andrea Zogg und Walter Andreas Müller etwa, die alle ohne Gage vor der Kamera standen.

In der explosiven Szene, die das Chaos auslöst, strömen viele Schaulustige zum verbrannten Bus – alles Statisten aus Mühlehorn. Auch die 120 Teilnehmer der von Beat Schlatter präsidierten Gemeindeversammlung und die Zuschauer eines Frauenfussballspiels sind Bürger des Dorfes. Drei Wochen lang war Mühlehorn Filmkulisse und Gastort der ganzen Filmcrew. Viele Schauspieler und Filmemacher wurden während der Drehzeit in privaten Unterkünften untergebracht. Nein, nein – mit den Vorgängen im fiktiven Gottlingen hat Mühlehorn nichts gemeinsam. Es ist ein hübsches, kompaktes Dorf direkt am See. Genau deshalb wurde es als Filmkulisse ausgewählt.

Adresse 8874 Mühlehorn | **ÖV** S 4 nach Mühlehorn | **Anfahrt** A 3, Ausfahrt 46 Mühlehorn, links via Kerenzerbergstrasse / Rain ins Dorfzentrum | **Tipp** Im Strandbad Mühlehorn werden während des Sommers Open-Air-Filme gezeigt.

67_Die Hammerschmiede

Herrn Zimmermanns Gespür für Feuer

Feuer, Erde, Wasser und Luft. Mit diesen vier Elementen arbeitet der Eisenbildhauer Christian Zimmermann. Sein Reich ist die Hammerschmiede, die älteste durchgehend betriebene Schmiede in Europa. Seit 1777 dreht sich das grosse Rad im Meerenbach, die Wasserkraft treibt die vier Meter langen Schwanzhämmer an. Von diesen kommt der Name Hammerschmiede, obwohl hier früher durchaus auch Werkzeuge hergestellt wurden.

Aus dem Feuer in der Esse steigt zuerst weisser Rauch auf. Die weisse Farbe stammt vom Koks, das der Kunstschmied statt Schmiedekohle verfeuert, weil es umweltfreundlicher und weniger schädlich für seine Lunge ist. Auch wenn es für die wuchtigen Schwanzhämmer und den Lufthammer Kraft braucht – was die hohe Kunst des Schmiedens ausmacht, ist Präzision: Der Hammer muss das Eisen millimetergenau an der richtigen Stelle treffen. Die Schläge müssen in Sekunden sitzen, solange das glühende Metall formbar ist. Das erfordert viel Erfahrung sowie Gespür für das Feuer und Liebe zum Material.

Christian Zimmermann stammt aus einer berühmten Dynastie von Schmieden und ist selbst ein Meister, der Menschen aus aller Welt ausbildet. Mit seiner Frau Roswitha zusammen bietet er diverse Seminare an, zum Beispiel das Teamschmieden, bei dem eine Gruppe unter Anleitung gemeinsam eine Skulptur schmiedet. Das Spannende: Nebst der realen Skulptur entsteht auch ein soziales Gefüge, denn das gemeinsame Arbeiten verbindet und ist somit gut geeignet für Teambuilding, Hochzeitsgruppen oder Familien.

Faszinierend ist, wie das glühende Eisen alle Blicke auf sich zieht. Auch für den Schmied selbst ist das stets aufs Neue ein schöner Moment, wenn er etwa an eigenen Kunstwerken arbeitet. Einige sind im oberen Stock ausgestellt: Die filigranen Figuren mit graziösen Gesichtern sind ohne Vorlage aus einem Stück geschmiedet. Das kann nur einer, der das Feuer liest und das Eisen spürt.

Adresse Hammerschmiedeweg 7, 8874 Mühlehorn, www.hammerschmiede.com | ÖV S 4 nach Mühlehorn und fünf Minuten zu Fuss hinauflaufen | Anfahrt A 3, Ausfahrt 46 Mühlehorn, via Dorfstrasse links in Hammerschmiedeweg | Öffnungszeiten Besuche, Events und Seminare auf Anfrage unter Tel. 055/6141001 | Tipp Von Mühlehorn aus bietet sich ein Schiffsausflug ins autofreie Dörfchen Quinten auf der Südseite des Walensees an.

68 Das Mürtschenloch

Bestrahlung durch das Auge des Bergs

Als hätte eine riesige Kanonenkugel die massive Felswand durchschlagen. So zeigt sich das rund elf Meter hohe und 15 Meter breite Loch auf der Seite des Bergs, 30 Meter unter dem Grad. Es ist einer der grössten natürlichen Felsdurchbrüche in der Schweiz. Somit hat nicht nur Elm sein Martinsloch, sondern Mühlehorn und Obstalden haben auch ihr Mürtschenloch, auch Stockloch genannt.

Natürlich war es keine Kanonenkugel, die das Gestein zertrümmert hat. Einer Sage nach soll es ein riesiger Drache gewesen sein, «der flog mit derartiger Schnelligkeit, dass er den Berg grad durchschlagen und ein Loch hinterlassen hat». Die wahre Begründung ist weniger phantastisch: Die Öffnung im Mürtschenstock ist eine Karsthöhle, durch Erosion entstanden. Ein bisschen mystisch ist es aber doch, wenn Sonnenstrahlen an bestimmten Tagen zu bestimmten Uhrzeiten in den Wintermonaten durchs Loch dringen. Auf der Nordseite des markanten Mürtschenstockmassivs, das mit seinen Gesteinsfaltungen, Rillen und Rippen von Weitem ein wenig an die Dolomiten erinnert, werden verschiedene Punkte durchs Felsenloch angestrahlt. Beim Naturschauspiel wandert die Sonne und verschwindet zuerst hinter dem Gipfel, bevor die Strahlen durchs Loch fallen – auf Obstalden und auch auf den Kirchturm in Mühlehorn.

Die Kirche erstrahlt jeweils Anfang November und Anfang Februar. Es ist durchaus denkbar, dass sie an einem Kraftplatz erbaut wurde. In vorchristlicher Zeit wurden Sonnwend- und Mondfeste gefeiert. Eines der Mondfeste zelebrierte den Beginn der dunklen Jahreszeit und war Vorläufer von Allerheiligen, das wir heute am 1. November begehen. Ein anderes Mondfest feierte die Kraft der Sonne, die wieder neues Leben hervorbringt. Daraus wurde später das christliche «Lichtmess», im heutigen Kalender auf den 2. Februar festgelegt. Der Tag, an dem die Sonne durchs Mürtschenloch die Kirche streift.

Adresse Dorfstrasse, 8874 Mühlehorn, www.mürtschenloch.ch | ÖV S 4 nach Mühlehorn, Kirche gleich oberhalb des Bahnhofs | Anfahrt A 3, Ausfahrt 46 Mühlehorn und direkt auf die Dorfstrasse | Tipp Im Flohmarkt Walensee (Oberdorfstrasse 9) lässt sich so manche gebrauchte oder antike Trouvaille entdecken.

69 Der Arschwald

Ein eher missverständlicher Name

Nein, eine Form wie ein Gesäss hat der Näfelserberg mit dem Arschwald nicht. Er liegt auch keinesfalls abgeschieden, sozusagen am Arsch der Welt, nein. Der Arschwald befindet sich im Oberseetal. Dort, wo die Strasse zum Schwändital abzweigt. Auch der Arschwaldweg gehört dazu, der durch den Wald zur Brändbachbrugg führt. Auf neuen Landkarten ist er allerdings mit «Harstwald» angeschrieben.

Der Name kommt vom lateinischen Wort «ardere», brennen – beziehungsweise vom Partizip «arsus», verbrannt. Romanische Orts- und Flurnamen sind im Glarnerland recht häufig zu finden. Denn Rätoromanen und Alemannen teilten sich über 500 Jahre lang, bis ins 11. Jahrhundert, das heutige Gebiet. Gebrannt haben vor langer Zeit viele bewaldete Flächen. Die Brandrodung war eine beliebte Methode, um mehr Landwirtschaftsfläche und Weideland zu gewinnen. Auch weitere Flurnamen in der Umgebung weisen darauf hin, dass im Oberseetal gerodet und verbrannt wurde: Bränden, Äschen, Schwändi, Rütiberg. Rütiberg und Rauti bezeichnen grössere Rodungsflächen. Im Schwändi wiederum wurde, statt Feuer zu legen, die Rinde von den Stämmen geschält, sodass die Bäume abstarben.

Das Wort «ars» oder «arsus» wurde später im Schweizerdeutschen womöglich als «Arsch» ausgesprochen. So bekam der Wald seinen missverständlichen Namen. Und es ist nicht der einzige «Arsch» im Glarnerland. Auch am Wiggis, wo Wildheuerparzellen liegen, findet man ihn. Genauso wie in Elm im Unterstafel der Alp Erbs. Weil man aber den Namen mit seiner Verbindung zu einem Hinterteil als unanständig empfand, wurde der Arschwald in Harstwald umgetauft. «Harst» bedeutet Haufen, Menge.

Längst wachsen wieder eine Menge Bäume am unteren Näfelserberg. Vor allem im Herbst zeigen sie ihre Pracht. Wenn sich das Laub teilweise gelborange verfärbt und in der Sonne goldig brennt, ja, dann passt der ursprüngliche romanische Name gut.

Adresse Oberseestrasse / Rütiberg, 8752 Näfels | Anfahrt A 3, Ausfahrt 44 Niederurnen, N 17 bis Näfels, rechts (Wegweiser Oberseetal) via Gärbi / Oberseestrasse bis zur Verzweigung Schwändital | Tipp Auf dem Sattel zwischen Obersee- und Schwändital befindet sich das Naturschutzgebiet Boggenmoor mit seiner schönen Moorlandschaft.

70 Das Oberseebad

Der Swimmingpool auf 1.000 Metern über Meer

Im Glarnerland geht man gern in der Höhe baden. Etwa in den Klöntaler See oder in andere, kleinere Bergseen. Auch im Obersee oberhalb von Näfels wurde gebadet. Allerdings war es gefährlich, es kam zu Unfällen. So gründeten zehn Familien, welche im Oberseetal ein Ferienhäuschen besitzen, den Schwimmbadverein Obersee-Stafel. Ihr Ziel war es, einen kleinen Swimmingpool bei der Oberseealp etwa einen Kilometer hinter dem See zu errichten. 1962/63 wurde das Bassin in Fronarbeit erbaut. Einer der Federführer war damals Karl Müller-Kessler. Deshalb hatte die Badi auch den Übernamen «Karlsbad».

Das Oberseetal wird zuweilen als Kanada vom Glarnerland bezeichnet. Tatsächlich erinnert die Landschaft mit dem klaren Alpensee und den bewaldeten Gipfeln an den Norden des amerikanischen Kontinents. Wer im Pool schwimmt, hat beste Aussichten auf das Naturpanorama. Der Blick wandert zum markanten Bergzahn des Brünnelistocks, schwebt der bewaldeten Flanke entlang. Das Baden war allerdings bis vor Kurzem eine Angelegenheit für Abgehärtete. Die Wassertemperaturen waren meist so niedrig, dass die kleine Badi sogar den Ruf hatte, «das kälteste Schwimmbad der Schweiz» zu sein. Da es keinen Strom gab und damit auch keine Filteranlage, musste das Wasser im Pool wöchentlich gewechselt werden. Dabei wurde es jeweils mit frischem, eiskaltem Bergquellwasser aufgefüllt.

Im Sommer 2019 hat der Schwimmbadverein Obersee-Stafel ein neues Mehrzweckgebäude mit Duschen, Toiletten und Garderoben bauen lassen. Die hölzerne Badehütte hat ein Eternitdach und eine Solaranlage. Dank Solarstrom gibt es Licht im Gebäude. Zudem kann eine Filteranlage mit moderner Umwälzpumpe betrieben werden. Wer also neben dem Pool auf dem Naturzeltplatz übernachtet oder daran vorbeiwandert und sich im Wasser erfrischen will: Das Bad auf 1.000 Metern über Meer dürfte inzwischen angenehmere Temperaturen haben.

Adresse Oberseestrasse, 8752 Näfels | Anfahrt A 3, Ausfahrt 44 Niederurnen, auf der N 17 bis Zentrum Näfels, rechts (Wegweiser Oberseetal) auf der Oberseestrasse bergauf bis einen Kilometer nach dem See | Tipp Die Sennenfamilie auf der Alp Änziunen-Rauti im Oberseetal produziert als einzige im Glarnerland noch Alprohziger (www.glarner-alpziger.ch).

71 Das Palastcembalo

Das Musikinstrument Nummer 639

Im ersten Stock des Freulerpalastes steht ein altehrwürdiges Cembalo. Es ist das 639. Instrument, das Burkat Shudi erbaut hat – im Jahr 1771. Burkat Shudi? Dieser Name mit orientalischem Klang – ist eine anglisierte Abwandlung von Burkhard Tschudi. Der 1702 in Schwanden geborene Tischler verliess als 16-Jähriger das Glarnerland Richtung London. Dort erlernte er die Cembalo-Baukunst und eröffnete um 1726 seine eigene Werkstatt. Georg Friedrich Händel und andere Kulturschaffende förderten den jungen Schweizer und halfen ihm beim Einstieg in die englische Gesellschaft. Händel soll gar regelmässig bei Shudi und seiner Frau Catherine zu Gast gewesen sein. Als einer der führenden Instrumentenbauer entwickelte Shudi die Mechanik stets weiter. So kreierte er etwa den «Venetian Swell», wobei über die Pedale die Lautstärke der Musik geregelt werden konnte. Nach der Lieferung eines Cembalos an die königliche Familie durfte er auf seinem Firmenschild das Wappenzeichen des Prince of Wales anbringen. Auch der neunjährige Mozart soll Shudis Werkstatt besucht und ein Konzert auf dem Cembalo gespielt haben.

1761 nahm Shudi den schottischen Kunstschreinergesellen John Broadwood als Mitarbeiter auf. Broadwood wurde später sein Schwiegersohn und übernahm kurz vor seinem Tod 1773 das Geschäft. Nebst Cembalos – das letzte wurde 1793 gebaut – fertigte Broadwood weitere Tasteninstrumente, vor allem die neuen und beliebten Fortepianos. Im Laufe der Zeit und über Generationen hinweg wurden Klaviere von «Broadwood & Sons» in europäische Königshäuser geliefert. Bis heute produziert die Firma handgefertigte Klaviere und darf sich Hoflieferant des englischen Königshauses nennen.

Nebst Händel und Mozart sollen auch Haydn und Beethoven, Chopin und Liszt auf den Instrumenten des Klavierbauunternehmens gespielt haben, das der Schwandner Burkhard Tschudi einst gegründet hatte.

Adresse Im Dorf 19, 8752 Näfels, www.freulerpalast.ch | **ÖV** S 6, S 25 nach Mollis-Näfels, acht Minuten zu Fuss via Bahnhofstrasse | **Anfahrt** A 3, Ausfahrt 44 Niederurnen, auf der N 17 bis Näfels Zentrum | **Öffnungszeiten** April–15. Okt. Di – So 10 – 17 Uhr | **Tipp** Sehenswert ist die Näfelser Barockkirche St. Hilarius mit Rokoko-Altären und einer wunderschönen Kanzel.

72 Das Plakatloft

Kühne Gestaltung kombiniert mit alter Drucktechnik

Eine Sandsteintreppe führt hinauf ins Gestaltungs- und Druckatelier von Dafi Kühne im oberen Stock einer alten Seilfabrik. Eigentlich besteht es aus einer Aneinanderreihung von mehreren hohen hellen Räumen. An den Wänden stehen Planschränke voller Werkzeuge, die der Plakatgestalter, Buchdrucker und Designdozent für seine Arbeit benötigt: Setzkästen mit Bleisatz und Holzlettern, verschiedene Papiersorten, Lacke und Farben.

Dafi Kühne entwirft und stellt typografische Plakate, Broschüren und Karten im Buchdruckverfahren her. Oft für Kunden aus dem Kultur- und Musikbereich, aber auch für verschiedene Unternehmen und Produkte.

25 Tonnen Material hat der Gestalter mit viel Leidenschaft und wenig Budget aus Altbeständen zusammengesammelt, darunter mehrere Druckpressen aus den 1960er Jahren. Die Herausforderung war, diese Hochdruckmaschinen in sein Loft zu transportieren. Alle mussten sie mit einem kleinen Kran durchs Fenster ins Obergeschoss gehoben werden. Die Druckpressen thronen auf Holzpodesten an den Seiten der Räume, denn in der Raummitte könnte ihr Schwergewicht den über 100-jährigen Boden einbrechen lassen.

Gestaltung und Umsetzung gehen bei Dafi Kühne Hand in Hand. Mit neuen digitalen Werkzeugen und alter analoger Technik entsteht modernes Design. Der typische Kühne-Stil? Gibt es nicht. Schliesslich soll die visuelle Sprache jedem Auftrag und Kunden gerecht werden. Noch während des Druckprozesses kann er auf die Gestaltung Einfluss nehmen. Mit Hilfe von handgefertigten Druckvorlagen – ob Bleisatz, Holzlettern, lasergravierten Holz- und Plexiglasplatten, Linol- oder Kartonschnitten –, aber auch mit der Textur des Papiers, der Mischung der Druckfarbe. Erst in der Umsetzung entstehen die fertigen Werke: ikonische Plakate, wie sie in seiner Fabriketage von der Decke hängen. Oder auch bei internationalen Plakatausstellungen gezeigt werden.

Adresse Mühlhäusern 2, 8752 Näfels, www.babyinktwice.ch | **ÖV** S 6 oder S 25 nach Näfels-Mollis | **Anfahrt** A 3, Ausfahrt 44 Niederurnen, auf der N 17 nach Näfels, vor dem Freulerpalast links und nach 500 Metern nochmals links einbiegen | **Öffnungszeiten** Atelierbesuch auf Anfrage unter Tel. 079/5452102 | **Tipp** Die spannende Geschichte des Glarner Zeugdrucks wird in der Textildruck-Ausstellung im nahen Freulerpalast erzählt.

73 Der schlafende Hund

Wo Kunst am Boden liegt

Der Freulerpalast ist wohl das bekannteste Gebäude im Glarnerland. Gebaut wurde er von 1642 bis 1647. Der Bauherr, Kaspar Freuler, war Gardeoberst in französischen Diensten und von König Ludwig XIII. 1637 in den Ritterstand erhoben worden. Die Kriegsdienste im Ausland müssen ein gutes Geschäft gewesen sein, versteuerte Freuler im Jahr 1640 doch 100.000 Gulden – für die damalige Zeit ein ungewöhnlich hohes Vermögen, das es ihm erlaubte, seinen Herrensitz in der Heimat prächtig auszubauen.

Seit 1946 beherbergt der Palast das Museum des Landes Glarus. Wer die Ausstellungen besucht, der schaut sich wohl vor allem die Wände oder die Schaukästen an. Dabei kann man auch ruhig mal den Blick zu Boden sinken lassen, vor allem im Prunkzimmer. Der Schmuckfussboden ist Teil der Gestaltung des Raums, der komplett mit Holzwerk ausgekleidet ist. Türen, Buffet, Wände, Decke – und der Boden – sind voller eingelegter, geschnitzter und gemalter Verzierungen, die sich auf den Bauherrn beziehen. Fast überwältigend sind die vielen Details. Wer den Blick zu seinen Füssen führt, wird die geometrische Anordnung des Intarsienbodens bemerken. Eckige Felder aus verschiedenfarbigen Hart- und Edelhölzern umgeben ein zentrales Quadrat, in dem ein Kissen mit einem schlafenden Hund eingelegt ist.

Und es ist nicht der einzige Hund im Raum. Auch der Winterthurer Kachelofen von Hans Heinrich Pfau aus dem Jahr 1647 zeigt ein vielfältiges Bildprogramm: Da sind die neun musizierenden Musen, die Schutzgöttinnen der Künste und des geistigen Lebens. Da sind sechs Helden, begleitet von Tugenden sowie Planeten und Jahreszeiten. Unten rechts dann ein schlafender Hund, dazu eine Inschrift: «Ich lig zwar still, trau mir nit zwill.» Offenbar wird das Prunkzimmer von zwei Wachhunden beschützt. Es lohnt sich also auch in einem berühmten Gebäude, Schätze auf dem Boden oder hinter dem Ofen zu suchen.

Adresse Im Dorf 19, 8752 Näfels, www.freulerpalast.ch | ÖV S 6, S 25 nach Mollis-Näfels, zu Fuss via Bahnhofstrasse | Anfahrt A 3, Ausfahrt 44 Niederurnen, auf der N 17 bis Näfels Zentrum | Öffnungszeiten April–15. Okt. Di–So 10–17 Uhr | Tipp Integriert in den Elektroladen beim Palast, bietet das Gewürzlädeli Glarner Spezialitäten wie den Gewürzzucker Magenträs oder Zigerkleepulver an.

74 Das Schokoladelabor

Glarner Kakaobohnen aus Costa Rica

»Müller Five» – das tönt nach Band, Musikgruppe. Tatsächlich aber rocken die fünf Müller-Brüder die Café-Konditorei Müller und bieten Schokoladenkreationen unter dem Label «Müller Five» an. Als vierte Generation sind Benjamin, Elias, Jonas, Jeremias und Simon auf unterschiedliche Art in den Betrieb eingebunden. Einzig Elias ist gelernter Konditor-Confiseur und Koch. Die Spezialität des Hauses: handgemachte Pralinés, Schokonüsse, edle Tafeln und mehr. Immer in fünf verschiedenen Ausführungen, denn jede Geschmacksnote repräsentiert einen der Brüder.

Grundlage der Schokoladeninnovationen sind Kakaobohnen – bezogen als Grand-Cru-Couverturen der Firma Felchlin – aus verschiedenen Anbaugebieten, welche jeweils ein eigenständiges Aroma haben.

Speziell sind die Bohnen aus Costa Rica. Sie stammen nämlich von einer Plantage, welche die zweite Heimat der Glarner Familie Brugger ist. Auf gut einem Drittel der Finca La Amistad wächst geschützter Regenwald, auf 50 Hektaren wird biologischer Trinitario-Kakao angebaut. Sohn Simon Brugger bewirtschaftet die Farm, die Eltern Brugger sind inzwischen nach Mollis zurückgekehrt. In der Konditorei haben sich die Bruggers und die Müllers kennengelernt. Später ist Elias Müller nach Costa Rica gereist. Überzeugt vom nachhaltigen Anbau, hat sich eine enge Partnerschaft ergeben. So stammt jedes «Müller Five»-Produkt aus «Costa Rica»-Schokolade ganz aus Glarner Hand – von der Bohne bis zur Endkreation.

Was Elias Müller im Schokolade-Laboratorium im ersten Stock der Konditorei frisch verarbeitet, ist Handwerkskunst. Die Tafeln. Die Pralinen. Oder ein weiteres «Müller Five»-Markenprodukt: eine Kaffeebohne aus Grand-Cru-Maracaibo-Schokolade, gefüllt mit umhüllten Mandeln, Hasel-, Macadamia-, Cashew- und Paranüssen. Die Nussmischung gibt es auch im Glas zu kaufen. Auf dem Etikett steht: «5 nuts» – fünf Nüsse oder auch fünf Verrückte.

Adresse Bahnhofstrasse 11, 8752 Näfels, www.cafe-mueller.ch | **ÖV** S 6, S 25 nach Mollis-Näfels, 200 Meter zu Fuss | **Anfahrt** A 3, Ausfahrt 44 Niederurnen, auf der N 17 bis Näfels, vor dem Freulerpalast links in die Bahnhofstrasse | **Öffnungszeiten** Di–Fr 6.30–18.30 Uhr, Sa 7–17.30 Uhr, So 8–17.30 Uhr | **Tipp** Die Müllers betreiben auch einen Foodtruck, im Sommer etwa in der Grynau am Linthkanal.

75 Der Felskopf

Ein Franzosenkönig mit versteinerter Miene

Man muss schon genau wissen, wonach man Ausschau hält, wenn man von Netstal und Riedern aus den Blick nach oben richtet. Weit oben, als Buckel oberhalb der Büttenwand, ist mit etwas Phantasie ein Profil mit ausgeprägter Nase und Stirn erkennbar. «Louis Philippe» wurde das Felsengesicht getauft, nach dem Franzosenkönig. Besser erkennbar ist der Felskopf in der Steinwand, wenn man die Klöntalerstrasse hinauffährt und auf der rechten Talseite den Blick zurückschweifen lässt. Nun ist das Profil klarer: die römische Nase, ein markantes Kinn und eine hohe Stirn, auf der Bäume wachsen. Sogar ein Auge meint man auszumachen, in Form einer dunklen Felsstelle. Der helle Fels rundum wirft Falten und verleiht dem steinernen Kopf charaktervolle Gesichtszüge.

Wie aber kommt der französische König ins Glarnerland? Louis Philippe lebte von 1773 bis 1850. Verbindungen zur Schweiz hatte er tatsächlich, wenngleich ein Besuch in Glarus nicht überliefert ist.

Der junge Herzog Louis Philippe muss in den Wirren nach der Französischen Revolution von 1789 um seinen Kopf fürchten und flieht in die Schweiz. 1793 kommt er in Schaffhausen an. Er wohnt bei einem französischen General in Bremgarten, dann in Graubünden, wo er inkognito als Lehrer Chabos in der Internatsschule Reichenau unterrichtet. Als er dort eine Köchin schwängert, muss er gehen. Er verbringt wieder kurze Zeit in Bremgarten und geht später ins Ausland, lebt lange im Exil. 1830 besteigt er in Frankreich den Thron. Er regiert mit liberaler Gesinnung als «Bürgerkönig», nennt sich «König der Franzosen», muss aber 1848 abdanken und geht mit seiner Familie erneut ins Exil nach England.

Wieso genau der Stein nach dem König benannt wurde, lässt sich heute nicht mehr ausmachen. Die Ähnlichkeit ist aber erstaunlich, wie man anhand einer 20-Francs-Goldmünze von 1831 mit dem König im Profil feststellen kann: Die Form der Nase und die markante hohe Stirn – das ist Louis Philippe.

Adresse 8754 Netstal | **Anfahrt** A 3, Ausfahrt 44 Niederurnen, auf der N 17 bis Netstal, rechts abbiegen (Wegweiser Klöntal) und etwas weiter als Staldengarten hinauffahren, Felsprofil beim Blick nach oben und zurück auf die Büttenwand sichtbar | **Tipp** Der Schlattstein oberhalb der Molliserstrasse ist ein Findling vom Tödigletscher und steht seit 1908 unter Naturschutz.

76 Der Grashöcker

Was verbirgt sich unter dem Hügel Ober Büelen?

Ein einzelner kreisrunder Grasbuckel erhebt sich mitten im Weideland im «Kilchengut» neben einer Scheune. Ob sich darunter ein Findling befindet? Ein Grab? Oder aufgeschichtete Erde von einer nahen Baustelle, inzwischen von der Natur überwachsen? Man kann sich gut vorstellen, wie Kinder diesen Grashöcker als Spielplatz einnehmen. Und im Winter an seinen Flanken schlitteln und hinabrutschen.

»Ober Büelen» oder auch «Forrenbüel» nennt man das Hügelchen. Historische Quellen vermuten eine alte Burganlage, einen Burgturm. Dabei sind die Masse sehr bescheiden: Etwa neun Meter hoch ist der Buckel, die Hügelkuppe ist nur sehr klein. Mehr als ein Turm hätte darauf nicht Platz gehabt. Was auch für eine Burg spricht: Am Fuss des Hügels spürt man auf der einen Seite eine sanfte Mulde. Womöglich war einst ein seichter Burggraben angelegt worden. Auf der Hügelkuppe finden sich unter dem Gras Mörtelreste. In der neueren Trockenmauer auf der Südseite wurden zudem einige Mauersteine verbaut.

Eine einfache Turmburg aus dem Mittelalter wird auch Motte genannt. Dabei wurde ein künstlicher Erdhügel aufgeschichtet und darauf ein Turmbau angelegt. Er diente als Wohn- und Wehrturm und war meist aus Holz gebaut. Dieser hier hätte die Jahrhunderte nicht überdauert, wird der Burghügel Ober Büelen doch ins späte 13. Jahrhundert datiert. Wahrscheinlich war die Motte in Besitz der Herren von Netstal. Sie gehörten zum Kreis der Dienstleute des Klosters Säckingen. In einem von Glarnern aufgesetzten Schuldbrief von 1289 wurde in der Urkunde in der Reihe der Bürgen auch ein «hern Uolrich von Netstal» genannt. Ob er der Burgherr von Ober Büelen war? Es wird angenommen, dass die kleine Turmanlage gleichzeitig mit dem Bau der Letzimauer von Näfels aufgegeben wurde. Wer heute beim Grasbuckel spielt oder daran vorbeispaziert, kann sich also einfach einen kleinen Holzturm dazudenken.

Adresse Vorenbüelen, Quartier «Tschuoppis», 8754 Netstal | ÖV Bus 501 bis Netstal Post, Burghügel 300 Meter westlich der Bushaltestelle | Anfahrt A 3, Ausfahrt 44 Niederurnen, auf der N 17 bis Netstal, parkieren beim Einkaufszentrum Wiggispark und zu Fuss zum Altigerweg / Fahrtsweg | Tipp Im Buechwald hinter den Sportplätzen steht der Rehbrunnen. Der Trog erlitt wohl beim Transport einen Schaden und dient nun den Wildtieren.

77 Das Suworow-Häuschen

Hat er oder hat er nicht hier übernachtet?

Viele Orte im Glarnerland erinnern an den russischen Generalfeldmarschall Graf Alexander Suworow. Im September und Oktober 1799 fiel er – gegen die französische Besatzungsmacht kämpfend – über den Pragelpass kommend im Klöntal ein. Suworow und seiner rund 20.000 Mann starken Truppe gelang es, die Franzosen bis Mollis zurückzudrängen.

In einem Häuschen, das bis heute in der Wiese zwischen Netstal und Glarus steht, schlug er sein Quartier auf und traf sich mit anderen russischen Heerführern. Darunter war auch der Zarensohn und Thronnachfolger Fürst Konstantin. Vom 1. bis zum 4. Oktober 1799 soll sich der General hier im Landhäuschen aufgehalten haben, so steht es auf der Tafel an der Hausfassade.

Doch halt: Es gibt noch ein weiteres Haus, ein grösseres, in Riedern, das sich mit einer Gedenktafel rühmt, Quartier von General Suworow gewesen zu sein – zumindest am 1. Oktober 1799. Wo also hatte der Russenführer übernachtet? Nun, nach Überlieferung der Glarner Bevölkerung und der Literatur soll Suworow zuerst eine Nacht in Riedern und dann zwei in Netstal oder in Glarus, im Haus zur Wies, verbracht haben. Ein russischer Gewährsmann wiederum hatte berichtet, Suworow wäre vom 1. Oktober an im Netstaler Häuschen gewesen.

Wie dem auch sei, das Lager der russischen Truppen soll damals die gesamte Breite des Tals bei Glarus eingenommen haben. Ein Zeitzeuge schrieb: «Alle Fabriken zu Glarus und andere Häuser wie auch das Pfarrhaus zu Netstal zu Feldlazarethen gemacht und voller Blessierten, die Kirche und der Kirchhof zu Glarus […] voller Waren, voll gefangener Franken …» Die ausgehungerten Russen plünderten, töteten die Tiere der Bauern, assen, was sie fanden: Abfälle, die Ernte, unreifes Obst. Nach zwei Tagen Kriegsrat beschlossen die Heerführer, sich über Elm und den Panixer Pass zurückzuziehen. Das Häuschen sollen sie am 4. Oktober 1799 verlassen haben.

Adresse zwischen 8754 Netstal und 8750 Glarus | ÖV S 6, S 25 nach Netstal, 30 Minuten zu Fuss | Anfahrt A 3, Ausfahrt 44 Niederurnen, auf der N 17 durch Netstal und nach dem Ortsende rechts in Feldweg Grossguet einbiegen, zu Fuss über die Wiese | Tipp In der Fassade des Hauses am Rothausplatz 5 steckt eine Kanonenkugel als Andenken an die Kämpfe zwischen Russen und Franzosen.

78 Das Franzosenloch

Wo Ungeliebte über die Klippe springen mussten

Es ist nur schwer auszumachen. Der Hang westlich von Nidfurn ist gänzlich bewaldet und gibt keine Blicke frei. Nur wer oben am Berg, unterhalb vom Restaurant Leuggelen, am Waldrand steht und in die Tiefe blickt, wird womöglich die Felskerbe im steilen Abgrund entdecken. Als «Franzosenloch» ist diese sogar auf einigen Karten markiert.

Tatsächlich soll man sich hier einst einiger ungeliebter französischer Besatzer entledigt haben, so die Überlieferung. Zwar hat vor allem der russische General Suworow mit seiner Truppe Spuren im Glarnerland hinterlassen. Der Durchzug der russischen Armee im Jahr 1799 dauerte nur wenige Tage und war ein Desaster. Die Russen wurden von den Glarnern als Befreier von den Franzosen angesehen. Die französische Armee hatte im April 1798 Teile der alten Eidgenossenschaft erobert und die Helvetische Republik ausgerufen. Auch Glarner Gebiete gehörten dazu. Als viele Glarner «Reisläufer» als Söldner in französischen Diensten standen, waren die Beziehungen zum Nachbarland grundsätzlich gut. Die Herrschaft der Franzosen machte aber das eigene Land, den eigenen Kanton, zum Untertanengebiet und wurde bekämpft. Dass man besiegte, ungeliebte französische Soldaten über die Klippe bei Leuggelen stiess, ist also durchaus vorstellbar.

Dabei kursiert aber auch noch eine leicht veränderte Geschichte über das Franzosenloch: So soll sich ein Franzose an die Tochter eines Schwandener Herrn herangemacht haben. Ob er die junge Frau belästigte, schändete oder gar tötete, weiss man nicht mehr zu sagen. Auf jeden Fall wird erzählt, dass sich der Vater mit einigen Freunden aufgemacht hat, um Rache zu üben. Mit einem Beil sollen sie den Frauenbelästiger totgeschlagen und auf den Leuggelenberg gebracht haben, wo sie seine Leiche über den Abgrund stiessen. Die bewaldete Steilwand ob Nidfurn kennt man seitdem als Franzosenloch.

Adresse Leuggelenberg, 8772 Nidfurn | Anfahrt A 3, Ausfahrt 44 Niederurnen, auf der N 17/Hauptstrasse bis Schwanden, rechts via Thonerstrasse bis vor Ortseingang Schwändi, vor dem Schwimmbad links in Alpstrasse zum Restaurant Leuggelen | Tipp Die Alpstrasse, vorbei am Bergrestaurant Leuggelen, ist auch als schöner Höhenwander- und Radweg auf der Sonnenseite des Tals beliebt.

79 Das Landvogthaus

Schlafen in einem Museum, das eine Ecke ab hat

Es ist eines dieser Gebäude, in die man eintritt und «Wow!» ruft. Von aussen gibt sich das Landvogthaus mit seinem blassrosa Anstrich an der Strasse in Nidfurn bescheiden. Nur die sechs Stockwerke verraten Grandezza. Wie «ein Adliger im Gewand eines Bauern» kommt es daher. Der Landvogt Peter Blumer hat es vor über 400 Jahren erworben und umgebaut. Reich ausgestattete Stuben mit verzierten Decken, Wandtäfern, Fensternischen und Kachelöfen und knarzende Originalholzböden erzählen von anno dazumal. Dazu haben die Besitzer beste Antiquitäten zusammengetragen und den Bau liebevoll ausgestattet: Porzellan und Karaffen auf dem Cocktailtisch, traditionelle Tapeten und Teppiche, Ölgemälde, Radierungen, Engelskulpturen – Mobiliar und Dekor passen an ihren Ort, so, als hätten die Dinge schon immer zum Haus gehört.

Das Landvogthaus ist ein Museum für Wohnkultur. Und zugleich ein historisches Privathotel. Vier Gästezimmer kann man buchen. Es ist eines der letzten erhaltenen Wohnhäuser aus dem Spätmittelalter in der Schweiz. Viel wurde sorgfältig restauriert, Küche und Bäder sanft modernisiert. Eine Mauerecke hat das Haus jedoch verloren. Als in den 1970er Jahren die Hauptstrasse durch Nidfurn gebaut wurde, musste man eine Ecke aus dem Weg schaffen. Im Innern ist vom Verlust nichts zu sehen. In den Salon kann man sich zurückziehen und lesen. Die gelbe Stube nebenan dient als Trauungszimmer. Im Musiksalon oder im Barockgarten mit alten Obstbaumsorten und einem Labyrinth finden Events statt. Und nachts im Museum? Träumt man vielleicht von Huldrych Zwingli. Der Reformator soll in diesem Haus gewesen sein, das ursprünglich wohl um 1520 erbaut worden war. Vielleicht träumt man aber auch von Hermann Hesse. Im Salon mit der verlorenen Ecke stehen die Stühle, auf denen der Schriftsteller gesessen und geschrieben hat. Nein, nicht im Landvogthaus. Das Mobiliar wurde ersteigert.

Adresse Hauptstrasse 53, 8772 Nidfurn, www.landvogthaus.com | ÖV S 6, S 25 nach Nidfurn-Haslen | Anfahrt A 3, Ausfahrt 44 Niederurnen, auf der N 17/Hauptstrasse bis Nidfurn | Tipp Auf dem Knobel-Natursteinpfad (Wyden 12) zwischen Nidfurn und Schwanden spaziert man durch 300 Millionen Jahre Geologie.

80 Die Biberlikopfbrücke

Glarner Ingenieure bauen an der Geschichte mit

Die Stahlbogen-Eisenbahnbrücke führt über den Linthkanal bei Ziegelbrücke. Sie verbindet die Kantone Glarus und St. Gallen. Sie verbindet auch die Firmen Wartmann & Cie, Brugg, und die AG Arnold Bosshard, Näfels. Diese zeichneten 1967/68 für den Brückenbau verantwortlich. Für die Stahlbaufirma aus Näfels muss es einer der letzten Bauten gewesen sein, wurde die Firma doch 1972 nach einer über 100-jährigen Geschichte vollständig stillgelegt.

Begonnen hatte die Firma 1856 mit der mechanischen Werkstätte der Gebrüder Schwitter in Näfels. 1869 übernahm der junge Ingenieur Arnold Bosshard und förderte den Brücken- und Stahlhochbau. Er starb 1888 erst 52-jährig. Das Unternehmen wurde zur «Eisenwerk Aktiengesellschaft Bosshard & Co.». Später übernahmen seine Söhne die Führung. Zwischen 1890 und 1918 sollen über 200 Brücken ausgeführt worden sein. Pro Jahr wurden in der Firmenanlage und den Werkstätten mindestens 2.000 Tonnen Stahl verarbeitet.

Daneben produzierte die Arnold Bosshard AG weitere wichtige Stahlkonstruktionen, wie etwa die Kuppel des Parlamentsgebäudes am Bundeshaus und die Perrondächer in den Bahnhöfen Zürich, Luzern und Lausanne. Nach den Weltkriegen fokussierte man auf den Bau von Turmdrehkranen, Kabelkranbrücken und Dienstbrücken und war beteiligt am Bau von Kraftwerken, etwa in Maggia, Gondo und Zervreila.

Aussichtstürme gehen ebenso auf das Konto der Glarner Firma. Einige bekannte stehen im Kanton Zürich, etwa auf dem Eschenberg, dem Bachtel und dem Üetliberg. Der 30 Meter hohe Eschenbergturm bei Winterthur wurde 1889 gebaut, unter der Leitung von Ingenieur Hermann Schröder. Den Eschenbergturm konstruierte er als stabilen Turm mit geschweiften Ständern – heute trägt dieser den Übernamen «Eiffelturm». Eigentlich wenig erstaunlich, war Schröder doch auch am Bau des echten Eiffelturms in Paris beteiligt gewesen, im Auftrag der Arnold Bosshard AG.

Adresse verbindet 8866 Ziegelbrücke und 8867 Niederurnen | ÖV S 2, S 4, S 6, S 8, S 25, S 27, RE nach Ziegelbrücke | Anfahrt A 3, Ausfahrt 43 Bilten, Richtung Schänis, rechts auf Ziegelbrückstrasse bis Bahnhof Ziegelbrücke, zu Fuss dem Linthkanal entlang zur Biberlikopfbrücke | Tipp Lust auf eine Schlauchbootfahrt auf dem Kanal? Boote mieten kann man unter www.linth-boot.ch.

81__Der Champagnerhang

Glarner Schaumwein vom Schlosshügel

Wein aus dem Kanton Glarus? Das tönt erst mal etwas exotisch. Doch wer die 320 Stufen des Burgwegs zum Niederurner Schlössli hinauf- oder hinabsteigt, läuft mitten durchs Rebbaugebiet mit den terrassierten Mini-Parzellen. Insgesamt gibt es sogar vier kleine Weinbaugebiete im Glarnerland. Dabei ist der Niederurner Rebberg Burgweg das bekannteste. Nach Süden orientiert, der Sonne und dem warmen Föhn ausgesetzt, liegt er klimatisch begünstigt.

Der Weinbau im Glarnerland geht auf die Römer zurück. Wo heute das Schlössli thront, stand einst ein römischer Wohnturm. Dessen Steine wurden für die Terrassierung des Weinbergs verwendet. In alten Schriften ist der Niederurner Rebhang seit 1640 vermerkt. Im 19. Jahrhundert wurde die Burgweg-Rebberg-Korporation gegründet. Über 20 Besitzer bewirtschaften die Parzellen mit den insgesamt 8.000 Rebstöcken. Drei Viertel der Trauben sind Blauburgunder, der Rest Riesling-Sylvaner, Chardonnay, Veltliner. Der Ertrag der Weinlese wird mehrheitlich in der Kelterei Kümin in Freienbach verarbeitet. Durchschnittlich ergibt der Rebberg 8.000 Liter Wein.

Vor einigen Jahren war sogar eine spezielle Rarität erhältlich: der «Burgwegler Brut». Der Schaumwein von Valentin Violetti – er führt seinen Weinbaubetrieb in vierter Generation – entstand aus einer Notlage: Als die Nachfrage nach Riesling einbrach, liess der Winzer stattdessen einen eleganten Schaumwein produzieren. Da der Riesling-Weisswein inzwischen aber wieder zu den Lieblingen gehört, muss man wohl noch eine Weile auf neue Jahrgänge des prickelnden Genusses vom Schlösslihang hoffen.

Dass auch der Rote aus dem Glarnerland gut mundet, bestätigte etwa eine Fachjury 2014 bei einer Blinddegustation der besten roten Staatsweine aus 16 Kantonen: Der Niederurner Blauburgunder von Violetti, Jahrgang 2012, kam auf den sehr guten fünften Platz – ein Hoch auf den Glarner Wein.

Adresse Schlössli, 8867 Niederurnen | ÖV ab Ziegelbrücke Bus 511 nach Niederurnen Ochsenplatz | Anfahrt A 3, Ausfahrt 43 Bilten, rechts Richtung Bilten, am Kreisel geradeaus bis zur Hauptstrasse, links Haupt-/Badstrasse folgen bis Zentrum Niederurnen | Öffnungszeiten Verkostung der Schlössli-Tropfen bei Violetti-Weine (Feldstrasse 21): Mi 17–19 Uhr oder auf Anmeldung unter Tel. 055/6201438 oder www.violetti-weine.ch | Tipp Auf dem Rebberg lädt das Restaurant Schlössli zu Speis und Trank.

82 Das Plakathäuschen

Der kleine Bruder des Jakobsblicks

Auf dem Parkplatz bei der Gemeindeverwaltung Glarus-Nord steht das Plakathäuschen und wartet, bis neugierige Augen Notiz nehmen. Von den Ausschreibungen der Gemeinde, dem Schiessplan, dem Abfallkalender, von privaten Inseraten. Und vielleicht auch vom unscheinbaren Mini-Häuschen selbst. Schliesslich wurde es von einem berühmten Architekten erbaut.

Wer das war, das verrät der Blick vorbei am Schulhaus Bühl Richtung Schlössli. Dort steht am terrassierten Rebberg der Gemeindesaal Jakobsblick. Konzipiert hat den beeindruckenden Bau Hans Leuzinger in den Jahren 1955/56. Vorstellen muss man Hans Leuzinger (1887–1971) wohl kaum. Er hat sich mit dem sogenannten Neuen Bauen auseinandergesetzt und mit seiner modernen Formensprache die architektonische Landschaft im Kanton Glarus wesentlich mitgeprägt. Das Kunsthaus Glarus, die Planurahütte, das Ortstockhaus, aber auch zahlreiche öffentliche Gebäude, Wohn- und Ferienhäuser tragen seine Handschrift.

Das Plakathäuschen war Hans Leuzingers erster öffentlicher Auftrag im Jahr 1922. Der Jakobsblick hingegen seine letzte öffentliche Arbeit. Der geometrische Grundriss weist auf die Verbindung der beiden Gebäude hin: Beide Bauten basieren auf einem Sechseck. Das Plakathäuschen ist ein gleichseitiges Sechseck. Der Gemeindesaal ein achsialsymmetrisches Sechseck, seine seitlichen Flanken weiten sich gegen das Tal leicht aus. Dank des schmalen Oberlichtbandes scheint das Satteldach wie von der Fassade abgelöst. Der Bau erinnert an einen Deltasegler, der vom Hang abhebt. Die Form ist klar auf den Bauplatz auf dem Bergsporn am Rebhang abgestimmt. Denn zuvor gab es Studien für einen Saal im Dorf, die andere Grundrisse und Formen zeigten.

Ein «Jakobshorn» oder einen «Jakobsberg» hat man vom Gemeindesaal aus allerdings nicht im Blick. Den Namen bekommen hat das Gebäude, weil hier der Jakobsweg vorbeiführt.

Adresse Parkplatz der Gemeindeverwaltung, Schulstrasse 2, 8867 Niederurnen | ÖV ab Ziegelbrücke Bus 511 nach Niederurnen Ochsenplatz | Anfahrt A 3, Ausfahrt 43 Bilten, rechts Richtung Bilten, am Kreisel geradeaus bis zur Hauptstrasse, links Haupt-/Badstrasse folgen bis Zentrum Niederurnen | Tipp Mit der Luftseilbahn kann man ins Wandergebiet Niederurner Täli entschweben (www.niederurnertaeli.ch).

83 Die Raststätte

Wo ein amerikanischer Präsident Boxenstopp machte

Mit wehenden Fahnen begrüsst einen die Autobahnraststätte Glarnerland oft. Ein guter Indikator für die Stärke des Windes, der vom Linthal her bläst. Die Raststätte ist das Tor zum Glarnerland – geografisch und auch ein wenig kulinarisch. Denn es gibt hier Glarner Delikatessen zu kaufen. Zudem werden im Marché-Restaurant Produkte wie Honig und Eier von umliegenden Höfen bezogen, genauso wie eine spezielle Käsemischung für die Pizzen.

Diese gab es womöglich noch nicht, als der damalige amerikanische Präsident Bill Clinton hier einkehrte. Am 29. Januar 2000 war das, auf dem Rückweg von seinem Besuch beim Weltwirtschaftsforum in Davos. Da nach dem Treffen mit den Mächtigen der Welt starker Schneefall in den Bündner Bergen einsetzte, konnte Clinton nicht mit dem Helikopter zum Flughafen Zürich zurückfliegen. So ging es in einer gepanzerten Limousine in einem Konvoi von 30 Autos Richtung Kloten. Unterwegs aber liess Clinton den ganzen Tross an der Autobahnraststätte Glarnerland haltmachen – damals gab es auch ein Restaurant in Fahrtrichtung Zürich. So wird die Geschichte überliefert. Ein spontaner Zwischenstopp ohne rigorose Sicherheitsvorkehrungen, der wohl so manchem Bodyguard Kopfzerbrechen bereitete. Zwar wurde der Eingang zum Restaurant sofort geschlossen. Wer aber bereits drinnen war, konnte zuschauen, wie Bill Clinton eine Pizza (angeblich mit Salami, Schinken und Sardellen) bestellte, dazu eine Cola Light und einen Kaffee trank. Der hohe Gast plauderte mit den Angestellten und gab Autogramme. Und als er wieder ging, schüttelte er den Wartenden vor der Türe die Hand.

Nach dem kurzen sympathischen Boxenstopp setzte sich der Konvoi mit 30 schwarzen Autos wieder in Bewegung. Das Gästebuch der Autobahnraststätte erinnert bis heute an den Besuch: «Thanks for your hospitality, Danke schön! Bill Clinton, January 29, 2000», hat er sich darin verewigt.

Adresse A 3/ Nideracher, 8867 Niederurnen, www.marche.ch | Anfahrt A 3, kurz vor der Ausfahrt 44 Niederurnen | Öffnungszeiten Mo – So 6 – 19 Uhr | Tipp Informationen, Karten und Tipps zum Kanton Glarus gibt es bei der Touristinfo Glarnerland am Eingang der Raststätte.

84 Das Bergschulhaus

Die Schule ist auch eine Kapelle

Ob die Glocke auf dem Dach die Pause für die Schulkinder einläutet? Oder zum Gottesdienst ruft? Wahrscheinlich beides, denn das Bergschulhaus ist zugleich die Bruderklausen-Kapelle.

»Vorsicht Schule», warnt eine Verkehrstafel an der Strasse im idyllischen Schwändital mit seinen wenigen Bauernhöfen. Eigentlich hätte man hier oben auf 1.100 Metern über Meer eher ein «Vorsicht Kühe» oder «Vorsicht Wild» vermutet. Doch auch spielenden und velofahrenden Kindern begegnet man regelmässig rund um das kleine Bergschulhaus.

Schon in einem Verzeichnis aus dem Jahr 1801 ist eine Schule «in den bergen» aufgeführt. Offiziell gegründet wurde die Bergschule Schwändital / Näfelser Berge 1844. 500 Höhenmeter auf einer steilen und schmalen Bergstrasse liegen zwischen den Schulen in Näfels und dem ganzjährig bewohnten Berggebiet. Ein sehr langer Schulweg, der früher sicher so einige vom Schulbesuch abhielt. Zu Beginn waren es noch zwei Schulen. Der Unterricht fand jeweils in einer Stube statt. Der Lehrer unterrichtete vormittags an der einen, nachmittags an der anderen Schule. Seit 1860 treffen sich die Schwänditaler und die Oberseetaler Schülerinnen und Schüler im eigenen Schulhaus. Wie viele es sind? Laut Schätzungen sollen bei der Schulgründung etwa 40 Kinder im Alter von sechs bis 15 Jahren im Einzugsgebiet gelebt haben. 2019 waren es sechs Kindergärtner und sieben Primarschüler.

Es gibt ein Schulzimmer, ein Kindergartenzimmer, ein Lehrerzimmer und sogar eine Schulküche. Bei viel Schnee können die Kinder über Mittag hier kochen und essen. Unterhalb des Schulzimmers im Erdgeschoss befindet sich die Bruderklausen-Kapelle, 1976 eingeweiht, die auch für Theaterprojekte genutzt wird. Jeden zweiten Sonntag wird hier der katholische Gottesdienst abgehalten oder im Sommer auch die Erstkommunion. Dann läutet die Glocke mit dem Gruss des heiligen Bruder Klaus: «Der Name Jesu syg üwer Gruoss.»

Adresse Stutzberg 1a, 8868 Oberurnen | Anfahrt A 3, Ausfahrt 44 Niederurnen, auf der N 17 bis Zentrum Näfels, rechts (Wegweiser) auf der Oberseestrasse bergauf, bei der Verzweigung Schwändital rechts drei Kilometer bis Stutzberg | Tipp Zuhinterst im Schwändital liegen der Naturcampingplatz Matt und der beliebte Kletterberg Brüggler.

85 Der Dorfplatz

Als King Küng einen Platz geschenkt bekam

Ein Dorfplatz ist Treffpunkt, Flaniermeile, Gerüchteküche in einem. Normalerweise. Im hübschen Dorf Obstalden, das auf knapp 700 Metern über Meer am Hang klebt, ist das schwierig. Denn Obstalden hat wohl den kleinsten, wenn vielleicht auch lauschigsten Dorfplatz – ein Plätzchen vielmehr.

Auf der Hangseite durchtrennt die Kerenzerbergstrasse den Kern des einstigen Bergbauern- und Tourismusdorfes und grenzt das Plätzchen ab. Noch in den 1920er Jahren war es durch einen Garten vor der Strasse geschützt. Auf der Seeseite neigt sich der gepflasterte Platz hangabwärts. Gut, wird er vom Pfarrhaus, dem Sigristenhaus, der ehemaligen Fuhrhalterei sowie der Friedhofsmauer und der Kirche eingefasst. Seit Jahrhunderten plätschert das Wasser im Sandsteinbrunnen vor sich hin. «1781», steht an der Trogwand. Ein einzelner Baum spendet etwas Schatten.

2015 wurde das Plätzchen verschenkt – symbolisch. Die neue Namenstafel verrät: «Patrick-Küng-Platz». Der ehemalige Skirennfahrer ist in Obstalden aufgewachsen. Seine Familie wohnt hier. Der Glarner hat 2014 die Abfahrt am Lauberhorn gewonnen. Mehrmals stand er auf dem Podest, zweimal als Weltcup-Sieger. Als er 2015 bei der Weltmeisterschaft in Beaver Creek die Goldmedaille holte, beschloss man, den Dorfplatz von Obstalden auf den Namen des berühmten Sportlers umzutaufen. Schliesslich hat der Weltmeister seine ersten Skischwünge auf dem Kerenzerberg gemacht. Als er ein Knirps war, gab es in Filzbach noch mehrere Lifte, heute gibt es nur noch einen Sessellift. Auch am nahen Flumserberg und am Pizol übte der junge Skifahrer einst Abfahrten.

Als kleiner Junge habe er im Brunnen gebadet, nun trage der ganze Platz seinen Namen, das sei schon ein spezielles Gefühl, erzählte Patrick Küng damals bei der Feier. Bestimmt freut er sich, so wie ganz Obstalden mit ihm, über die Ehre und den kleinen, aber weltmeisterlichen Dorfplatz.

Adresse Dorf, 8758 Obstalden | ÖV S 4 nach Mühlehorn und Bus 511 bis Obstalden Post | Anfahrt A 3, Ausfahrt 47 Mühlehorn / Murg, nach links Richtung Mühlehorn, vier Kilometer auf der Kerenzerbergstrasse bis Obstalden | Tipp Die Reutegg-Plattform (weiterfahren bis kurz vor die nächste Linkskurve) ist ein «DenkOrt» im Freien: Eine Schiefertafel mit Kreide lädt zum kreativen Sinnieren oder einfach zum Geniessen der Aussicht ein.

86 Die Fassadenmalerei

Werbung aus dem 18. Jahrhundert

Unterhalb des Obstaldner Dorfkerns fällt der Hang steil in die Tiefe. Weit unten schimmert der Walensee grünblau. Welch herrliches Panorama mit See und Gipfeln, die man auch aus den Fenstern des «Höfli» bewundern kann. Das alte Pfarrhaus steht am talseitigen Ortsrand, und man hofft, dass sich der Bau mit seinen Grundmauern und seinem Sockel fest in die Erde krallt, um nicht abzurutschen.

Im Jahr 1699 liess der verwitwete Pfarrer Johann Melchior Zwicky das Höfli als repräsentativen Blockbau mit zwei prächtig bemalten Innenräumen errichten. Seine zweite Frau führte im Höfli eine Wirtschaft. Nach wenigen Jahren liessen sich die Zwickys aber scheiden, weil der Seelsorger seine Frau des Ehebruchs bezichtigte. Danach entschloss er sich, als Feldprediger nach Frankreich zu gehen, und er warb junge Männer im Dorf als Söldner.

Ob die Fassadenmalerei, die 1999 wiederentdeckt wurde, als Werbebild für den Söldnerdienst interpretiert werden kann? Wer den alten Weg von Mühlehorn hinaufsteigt, wird das Bild sehen: ein Soldat in der roten Uniform der Glarner Söldner in französischen Diensten. Links zu seinen Füssen die Kirche von Obstalden vor dem Umbau und rechts drei Häuser. Die Schrift ist verblichen. Es ist durchaus möglich, dies als Werbung für den Dienst als Söldner zu deuten, wenn auch nicht im Auftrag von Pfarrer Zwicky. Denn verputzt und bemalt wurde das Höfli wohl erst um 1762, als das neue Pfarrhaus gebaut wurde.

Noch einmal soll es im Höfli zum Sittenverfall gekommen sein. Ein nachfolgender Bewohner, Pfarrer Hans Peter Stäheli, musste Obstalden wegen eines Skandals um ein uneheliches Kind bei Nacht und Nebel verlassen. Er ging nach London und betreute dort die reformierte französische Gemeinde. Später soll er sich für den Bau einer Schweizer Kirche eingesetzt haben. Die Swiss Church in Soho, London, feierte 2012 ihr 250-jähriges Jubiläum.

Adresse Dorf 8, 8758 Obstalden | ÖV S 4 nach Mühlehorn und Bus 511 bis Obstalden Post | Anfahrt A 3, Ausfahrt 47 Mühlehorn/Murg, nach links Richtung Mühlehorn, vier Kilometer auf der Kerenzerbergstrasse bis Obstalden | Tipp Gleich neben dem Höfli hat man eine wunderbare Aussicht auf die Churfirsten und den Seerenbachfall, den mit 585 Metern höchsten Wasserfall der Schweiz.

87 Das Mürtschental

Boden- und botanische Schätze auf der Alp

Eine Schweizer Atombombe? Tatsächlich, solche Pläne existierten im Kalten Krieg. Natürlich waren die Pläne des Militärs streng geheim. Und sie blieben glücklicherweise nur Theorie. Sondierungen nach nutzbaren Uranvorkommen gab es landesweit aber einige – auch im Mürtschental. Schon lange war dessen besondere Geologie bekannt. So war bereits 1608 ein Kupferbergwerk auf der Mürtschenalp erwähnt worden. Kupfererze und auch kleinere Mengen von Silbererzen wurden hauptsächlich von 1849 bis 1862 und von 1916 bis 1920 geschürft. Lokale Flurnamen wie «Silberspitz» oder «Auf den Erzbetten» weisen auf die Bergbaugebiete hin. Auf Unter Mürtschen soll es ein Wohnhaus für 50 Arbeiter gegeben haben. Allzu ergiebig waren die Erzmengen nicht. Ein rentabler Betrieb konnte später nicht mehr aufrechterhalten werden. Zudem reichte der Holzbestand auf der Alp nicht zum Schmelzen der Erze.

Gut, ist damals nicht aller Wald abgeholzt worden. Im oberen Mürtschental steht nämlich der nördlichste Arvenwald der Schweiz. Einige der Bäume sind wohl ein paar hundert Jahre alt. Ihre Samen werden durch den Tannenhäher verbreitet. Arven mögen es kalt und rau. In höheren Lagen setzen sie sich gegen ihre Konkurrentinnen, die Fichten, durch.

Und wie war das nun mit den Uranvorkommen auf Mürtschen? Zwischen 1924 und 1957 wurden Sondierungen nach Uranerzen durchgeführt. Dabei wurde eine erhöhte Radioaktivität festgestellt. Nicht genug für eine Ausbeute zur Verwendung im Atomwaffenprogramm zwar, genug aber, um den Geigerzähler knattern zu lassen. Deutlich wahrnehmbar ist auf dem Gerät, wenn das uranhaltige Gestein an der Oberfläche liegt, wie im Gsponwald, wenn man vom Murg- ins Mürtschental steigt. Angezeigt wird die 40-fache Strahlendosis im Vergleich zum Mittelland. Auf einer Wanderung ist das unbedenklich, mit blosser Hand die Steine berühren sollte man aber lieber nicht.

Adresse Mürtschenalp, 8758 Obstalden | **Anfahrt** A 3, Ausfahrt 47 Murg/Mühlehorn, rechts auf der Walenseestrasse nach Murg, nach 1,5 Kilometern rechts in Murgtalstrasse einbiegen und ins Tal (kostenpflichtig) bis Parkplatz Merlen | **Tipp** Eine schöne Rundwanderung führt von Merlen durch den Gsponwald ins Mürtschental und über Murgseefurggel via Murgseen zurück nach Merlen.

88 Die Pop-up-Käserei

Cheesus, ein Schiffscontainer für Alp Meeren

Alp Meeren, was für ein schöner Name. Ein Meer gibt es zwar nicht, ausser vielleicht das Gesteinsmeer des Mürtschenmassivs. Es gibt hier aber den Meerenbach, und es gibt drei Stäfel. Der oberste auf 1.800 Metern über Meer auf dem Bärenboden ist nur zu Fuss erreichbar. Im Hochsommer verbringen die Tiere, darunter etwa 50 Milchkühe, einige Woche auf der Hochalp, fressen saftiges Gras und frische Kräuter und produzieren wertvolle Alpenmilch.

Diese Milch täglich hinunter auf den tiefer gelegenen Stafel oder von dort ins Tal zu bringen ist nicht möglich. Deshalb haben die Älpler Daniel und Patrick über Lösungen nachgedacht. Einen einfachen Transportlift bauen? Oder eine Pipeline? Die Kosten sprachen dagegen. Idealerweise würde die Rohmilch gleich vor Ort auf dem Oberstafel verwertet. Die Idee einer mobilen Käserei spukte in den Köpfen herum. Und kam auch zwei Jungunternehmern zu Ohren, die daraufhin zusammen mit einem Entrepreneur ein Start-up gründeten. Im Sommer 2019 wurde ein Container per Helikopter auf den Bärenboden geflogen. Der hygienische Innenraum ist mit Chessi, Salzbad und Kühlzelle ausgestattet und hat alles, was es zum Käsen braucht. Strom, Wasser und genügend Milch gibt es auf der Alp, mehrjährige Erfahrung in der Käseherstellung bringt Patrick mit. So wird nun während der Saison feiner Alpkäse hergestellt. Einen Teil davon kauft das Start-up-Unternehmen auf. Den Käse von der Alp lässt es in einem Sandsteinkeller nachreifen und verkauft ihn dann in kleinen Shops oder online unter dem Namen «Cheesus».

Eigentlich sollte die Pop-up-Käserei nur während des Sommers auf der Alp stehen und im Winter im Tal Dienste leisten. Doch die Helikopter-Transportkosten sind zu hoch. Nun bleibt der Container im Oberstafel, wurde aber von Daniel und Patrick verschönert: mit brauner Farbe, Fenstern und einem Dach darüber. Ein bisschen Alpromantik muss sein.

Adresse Alp Meeren Oberstafel, 8758 Obstalden, www.deinalpkaese.ch | ÖV S 4 nach Mühlehorn und Bus 511 bis Obstalden Post | Anfahrt A 3, Ausfahrt 47 Mühlehorn/Murg, nach links Richtung Mühlehorn auf der Kerenzerbergstrasse bis Obstalden, beim Restaurant Hirschen links bergauf bis Hüttenberg und zur Meerenalp wandern | Tipp Übernachten über dem Walensee kann man im Hotel Lihn in Filzbach, einem nachhaltig und sozial geführten Betrieb (www.lihn.ch).

89 Das Prinzengrab

Liebe am Kerenzerberg

In der Ecke des Friedhofs in Obstalden, in Entfernung von den anderen Gräbern, steht ein einzelner Grabstein. Auf der Grabplatte davor, eingerahmt von Kieseln, ist zu lesen: «Gewidmet seiner Hoheit dem Prinzen Rachid Osman, Konstantinopel». Tatsächlich, ein echter Prinz liegt hier begraben, zusammen mit seiner Ehefrau Rosa Osman-Keller.

Rachid Osman wurde 1888 in Konstantinopel geboren, dem heutigen Istanbul. Er war ein Spross der türkischen Kaiserfamilie, der Osmanendynastie. Das Osmanische Reich – vielleicht erinnert man sich aus dem Geschichtsunterricht daran – umfasste einst den Vorderen Orient mit Arabien, die Türkei, Ägypten, Nordafrika und den ganzen Balkan. Über 600 Jahre und 38 Generationen herrschten die Sultane, vom Mittelalter bis in die Zeit nach dem Ersten Weltkrieg. Dabei hatte das Vielvölkerreich schon früher zu bröckeln begonnen. Aufgehoben wurde das Sultanat im Jahr 1923, als die moderne Republik Türkei ausgerufen wurde. Die gesamte Kaiserfamilie wurde ins Exil verbannt.

Prinz Rachid, der in Paris Politische Wissenschaften studiert hatte, liess sich mit seiner Frau und seinen zwei Töchtern in Nizza nieder. Durch die Abschaffung des Sultanats hatte er Güter und Erbansprüche verloren. Seine Frau war sehr krank, und es war ein Schweizer Kindermädchen, Rosa Keller, die sich um die Kinder kümmerte. Nach dem Tod seiner Frau heiratete Rachid Osman 1939 die 20 Jahre jüngere Rosa Keller. Ohne Reichtum und ohne Adelstitel musste sich die Familie durchschlagen.

Sie zogen 1949 in die Schweiz, auf den Kerenzerberg in eine kleine Wohnung. Rosa Osman-Keller führte in Filzbach einen Coiffeursalon. Verstorben ist sie 1994, Prinz Rachid bereits 1962. «Gestorben in mohammedanischem Glauben und christlich bestattet in Obstalden.» So unauffällig ein echter Prinz in Filzbach gelebt hatte, so bescheiden ist auch sein Grab in der Ecke des Friedhofs.

Adresse Dorf, 8758 Obstalden | ÖV S4 nach Mühlehorn, Bus 511 bis Obstalden Post | Anfahrt A3, Ausfahrt 47 Mühlehorn/Murg, nach links Richtung Mühlehorn, vier Kilometer auf der Kerenzerbergstrasse bis Obstalden | Tipp Die Fresken in der Kirche Obstalden stammen aus dem 14. und 15. Jahrhundert und sind die ältesten erhaltenen Wandmalereien im Kanton Glarus.

90 Das Druckatelier

Die illustrierten Geschichten von Esther Angst

Das Haus von Esther Angst erzählt Geschichten – im mehrfachen Sinn. Denn da ist einerseits das «Brugghus» selbst, gleich bei der schön geschwungenen Steinbogenbrücke in Rüti. Im Jahr 1471 wurde die Brücke erstmals erwähnt. Wer sie passierte, musste früher Zoll zahlen.

Vor wenigen Jahren haben die Illustratorin und ihr Partner das Blockhaus gekauft. Nach und nach bauen sie es um. Rund 400 Jahre alt ist der älteste Hausteil. Mitten durch das Gebäude führt ein ehemaliger, früher offener Durchgang. Hier passierte man mit Maulesel und Fuhrwerk und wärmte sich an der einstigen Feuerstelle, die heute eingemauert ist. Eine Stube diente ab 1823 ein Jahrzehnt lang als erstes Schullokal von Rüti. Noch heute steht hier der antike Sekretär aus Holz, das einstige Lehrerpult. In diesem verschachtelten Haus, das früher verschiedene Parteien bewohnt haben, hat sich die Künstlerin im ersten Stock ein Zeichenatelier eingerichtet. Über eine steile Treppe kann sie direkt in ihre Druckwerkstatt hinabsteigen.

Esther Angst kreiert Illustrationen, Druckgrafiken, Bücher. Inspiration findet sie vor allem in der Natur. Gern unternimmt sie Streifzüge durch die Glarner Berge, ausgestattet mit einem Ideenheft. Die Bleistiftskizzen arbeitet sie später zu Hause aus. Was sie fasziniert, ist das Raue, Archaische des Glarnerlands: Karrenfelder, Steinstrukturen, bizarre Schneeflecken, leere Hochebenen, vom Sturm gefällte Bäume. In der Rauheit finde sie die Schönheit, sagt die gelernte Comic-Zeichnerin. Ihre Entwürfe überträgt sie mittels verschiedener Techniken auf eine Druckplatte. Diese färbt sie ein und druckt mit der manuellen Tiefdruckpresse auf Büttenpapier.

Das Schöne an ihren Motiven: Sie laden ein, sich zu vertiefen und Details zu entdecken, etwa Menschen oder Tiere inmitten der grossartigen Natur. Denn wie sagt sie doch selbst: «Jedes Bild ist auch eine Geschichte.»

Adresse Scheidgasse 2, 8782 Rüti, www.estherangst.ch | ÖV S 6, S 25 nach Rüti | Anfahrt A 3, Ausfahrt 44 Niederurnen, auf der N 17/Hauptstrasse bis Betschwanden, rechts und gleich links via Obmatt/Dorfstrasse nach Rüti, beim Schulhaus rechts | Öffnungszeiten Atelierbesuch auf Voranmeldung unter Tel. 079/9046068 | Tipp Das Restaurant Rütihof an der Dorfstrasse 97 serviert Spezialitäten vom schottischen Hochlandrind (www.rütihof-gl.ch).

91 Die Bühlschanze

Ein Gefühl, wie über Schwanden zu fliegen

Von Schwanden aus kann man den Schanzenstummel aus Beton am Waldrand des Bühlbergs sehen. Etwas weiter links vom kleinen Pavillon der Wasserversorgung ragt der einstige Schanzentisch wie ein verkapptes Sprungbrett über den Abhang. Nur dass hier niemand ins Wasser gesprungen ist, sondern mit Skiern geflogen wurde. Vor Jahren schon wurde die Bühlschanze grösstenteils abgerissen, und dort, wo der Anlauf war, wächst heute Wald.

Eine erste Skisprungschanze aus Holz war schon zu Beginn des 20. Jahrhunderts erbaut worden. Ausgebaut und verlängert wurde sie 1930. Da man allerdings zu weit flog, wurde die kleine Schanze wenig später wieder zurückgebaut. Früher stieg die Dorfjugend zu Fuss hoch und sprang auf normalen Abfahrtsskiern hinunter. Erst später wurden Skisprung-Skier populär. Der kurze Auslauf mit dem flachen Teil, der mit Tüchern und Strohballen abgesperrt wurde, verleitete manchmal zu abenteuerlichen Landungen. Denn wer zu weit sprang und nicht von der Absperrung gebremst wurde, purzelte gleich weiter hinunter, vor die Haustür der untersten Häuser. Als tragisches Unglück ist 1936 ein Todessturz auf der Bühlschanze vermerkt.

Sprungwettbewerbe, auch internationale, fanden in Schwanden regelmässig statt. Dafür stellte man 1968 einen Sprungrichterturm auf. 1971 wurden auf der Bühlschanze gar die Schweizer Meisterschaften der nordischen Kombinierer ausgetragen. Das letzte offizielle Springen ist 1985 eingetragen. Danach wurde die Anlage abgebaut.

Noch heute erinnern sich die einstigen heimischen Skispringer ein wenig nostalgisch an die Magie, «wenn man abhob und dabei das Gefühl hatte, über Schwanden zu fliegen».

Den Schanzenrekord hält mit 45 Metern übrigens kein Einheimischer, sondern der Toggenburger Walter Steiner. Und der gehörte in den 1970er Jahren mit mehreren Weltmeistertiteln und einem Olympiasieg immerhin zu den besten Skispringern der Welt.

Adresse Freibergstrasse, 8762 Schwanden | **ÖV** S 6, S 25 nach Schwanden, zu Fuss via Bahnhof- und Plattenaustrasse | **Anfahrt** A 3, Ausfahrt 44 Niederurnen, auf der N 17/ Hauptstrasse bis Schwanden, nach der Pizzeria links abbiegen, über die Linth zur Freibergstrasse, zu Fuss zum Waldrand | **Tipp** Das Glarner Wirtschaftsarchiv zeigt Ausstellungen zur Industriegeschichte des Kantons (www.glarnerwirtschaftsarchiv.ch).

92 Die Förmliwerkstatt

Edelweiss, Einhorn und Engel in Handarbeit

Zum Reich von Heiner Weidmann gehören Spitzbuben und Sternchen, Kleeblätter und Kaminfeger, Hasen und Herzen genauso wie ein ganzes Alphabet sowie fast ein ganzer Zoo und mehr. Insgesamt produziert er etwa 665 verschiedene Guetsli-, Gebäck-, Pasteten- und Pralinéausstecher aus Weissblech, je nach Produkt mit Auswerfern aus Reinaluminium. Jedes einzelne Förmli ist von Hand gemacht, dazu gibt es rund 200 reine Unikate nach Kundenwunsch.

Damit ist Heiner Weidmann der Einzige weit und breit, der diese alte Handwerkskunst ausübt. Der gelernte Maschinenbauzeichner hat einige Jahre als Modellbauer in der Industrie gearbeitet. Seine Berufung fand er im Atelier eines Backformenherstellers. Als er dessen Vorlagen mit 106 Abbildungen von Ausstechern übernehmen konnte, machte er sich selbstständig. Nach und nach hat er mit Neuentwicklungen sein Sortiment erweitert. Und in seiner Laufbahn wohl so jede Bäckerei und Konditorei in der Schweiz beliefert.

Die Förmliwerkstatt ist im Bühlhof untergebracht. Wo einst im ehemaligen Restaurant die Gäste tafelten, stehen die Apparate und Werkzeuge für die verschiedenen Arbeitsgänge, die dem Förmlimacher seit vielen Jahren gute Dienste leisten: Laubsägeli, Streifenschneidemaschine, Gewindeschneideapparat, Bohr- und Stanzmaschine, Lötapparat und weitere. Immer schwieriger werde es allerdings, die notwendigen Materialien – wie etwa Weissblech in der richtigen Dicke – zu beziehen.

Faszinierend ist es, zu sehen, wie aus einer Weissblechtafel Schritt für Schritt ein Ausstecher mit Ecken und Rundungen entsteht: Zuerst eine Zeichnung in Originalgrösse. Auf dem Papier werden dann millimetergenau die Längen und Winkelbeugen ausgemessen und Punkte gesetzt. Ähnlich dem «Malen nach Zahlen» wird so ein «Prográmmli» kreiert und der Blechstreifen gemäss Vorlage in Form gebogen. Sorgfältig, präzise. In filigraner Handarbeit.

Adresse Freibergstrasse 40, 8762 Schwanden, www.ausstecher.ch | **ÖV** S 6, S 25 nach Schwanden, zu Fuss via Bahnhof- und Plattenaustrasse | **Anfahrt** A 3, Ausfahrt 44 Niederurnen, auf der N 17/ Hauptstrasse bis Schwanden, nach der Pizzeria links, über die Linth die Freibergstrasse hinauffahren | **Öffnungszeiten** Besuch nur auf Anfrage unter Tel. 055/6443218 | **Tipp** Das Therma Schaulager zeigt die ikonischen Haushaltgeräte der einstigen Therma AG (www.gukum.ch).

93 Die Kessler-Manufaktur

Weltmeisterboards und Ski, 100 Prozent Swiss made

In einer Werkhalle im ehemaligen Elektrolux-Areal werden seit 2016 die weltbesten Snowboards für Alpin und Bordercross hergestellt. Das darf man wohl so sagen, wurden auf Kessler-Boards doch schon unzählige Podestplätze, Medaillen und Weltmeistertitel gewonnen. Schon 2002 und 2004 gab es Olympiagold. Bei den Olympischen Spielen 2010 und 2014 war Kessler die erfolgreichste Snowboardmarke, genauso wie bei den Weltmeisterschaften 2011 und 2013. Die berühmteste Athletin, die auf Kessler-Boards die Hänge hinunterrast, ist Lindsey Jacobellis. Und es gibt wohl nichts, das die Amerikanerin noch nicht gewonnen hat.

Hansjürg Kessler ist Snowboard-Pionier, Kopf und Entwickler der Marke. 1988 begann der gelernte Zimmermann, in seiner Werkstatt in Braunwald eigene Bretter zu bauen. 2005 entwickelte er die Kessler Shape Technology (KST) – eine Bauweise mit spezieller Taillierung und früherer Aufbiegung.

Ein kleines Team fertigt inzwischen auch Skier mit dieser Technologie. In der Manufaktur in Schwanden wird gesägt, gefräst, geleimt, gewachst. Dank computergesteuerter Produktion können die Boards und Skier höchst präzise, von hoher Qualität und vor allem auch absolut identisch reproduziert werden. Auf Gestellen lagern sie, bereit zum Verpacken. In rund 27 Länder werden Kessler-Sportgeräte exportiert.

Hergestellt werden sie vollständig in der Schweiz. 100 Prozent Swiss made also – keine Selbstverständlichkeit, sind doch viele Skihersteller ins Ausland ausgewichen. Hansjürg Kessler möchte, wenn es wirtschaftlich geht, in der Schweiz bleiben. In der Halle in Schwanden oder in seiner Werkstatt, wo er an massgeschneiderten Lösungen und neuen Prototypen feilt. Selbst fahre er schon länger vor allem Ski. Nur wenn es ums Testen von neuen Materialien und Entwicklungen geht, steigt er aufs Snowboard – auf den heimischen Pisten in Braunwald.

Adresse Sernftalstrasse 33, 8762 Schwanden, www.kessler-swiss.com | **ÖV** S 6, S 25 nach Schwanden | **Anfahrt** A 3, Ausfahrt 44 Niederurnen, auf der N 17/Hauptstrasse nach Schwanden, links Richtung Elm abzweigen, der Sernftalstrasse bis nach der Tankstelle rechts folgen | **Tipp** Statt nach Elm abzuzweigen, kann man 200 Meter geradeaus weiterfahren. An der rechten Strassenseite steht der Markstein des 47. Breitengrads, der durch Schwanden verläuft.

94 Die Kreativküche

Bescheiden & Brillant kochen nie zweimal dasselbe

Einst wurden an der Hauptstrasse 93 in Schwanden Schuhe verkauft. Später Antiquitäten. Danach stand das alte Haus lange leer. Bis ihm vor wenigen Jahren wieder eine Seele eingehaucht, eine neue Küche gespendet und farbiges Make-up an den Innenwänden verpasst wurde. Eingezogen ist das Cateringunternehmen «Bescheiden & Brillant» von Lea und Mario Jakobovic-Schindler.

Fürs Brotbacken, Einkaufen und Rüsten ist Mario verantwortlich. Lea ist der kreative Kopf. Die kulinarischen Ideen entwickelt sie für jeden Anlass neu, nach Bauchgefühl, zweimal das Gleiche gibt es nicht. Ihr Erfolgsrezept, damit Gastgeber wie Gäste das intuitive Catering geniessen? Einmalige Delikatessen, kombiniert mit einer geschmackvollen Essens- und Buffetpräsentation, und als Beilage ein nachhaltiges Konzept – ohne Foodwaste und mit charmantem Geschirr und geschmackvoller Deko, oft aus dem Brockenhaus. Ganz nach dem Motto: «Aus einfachen, bescheidenen Zutaten Brillantes kreieren.»

Vier Kochbücher hat die leidenschaftliche Köchin und Grafikerin schon publiziert, darunter «Baden isst». Auf die Idee brachte sie ein weggeworfener Einkaufszettel. Sie kaufte die notierten Lebensmittel ein und kochte daraus ein überraschendes Menü. Auch alle anderen Gerichte im Buch basieren auf fremden Posti-Zetteln, die sie etwa in Einkaufskörben gefunden hat.

Ihr aktuelles Kochbuch heisst «Töpfe & Köpfe im Glarnerland», mit Rezepten und Porträts aus dem Kanton. Als sie vom Verlag Wortreich dafür angefragt wurde, war sie schwanger. Die Gestaltung des Buchs hat sie vom Spital aus abgeschlossen, nachts am Computer sitzend, kurz vor der Geburt ihrer Tochter. Durch Mund-zu-Mund-Propaganda bei Glarnerinnen und Glarnern, die für das Buch mitgekocht hatten, kam sie zu dem Haus an der Hauptstrasse, wo jetzt im ersten Stock die Kochtöpfe klappern – und im Erdgeschoss ein hübscher Kronleuchter durchs Schaufenster strahlt.

Adresse Hauptstrasse 93, 8762 Schwanden, www.bescheidenundbrillant.ch | ÖV S 6, S 25 nach Schwanden, zu Fuss via Bahnhof-/Hauptstrasse | Anfahrt A 3, Ausfahrt 44 Niederurnen, auf der N 17/Hauptstrasse bis Schwanden | Tipp «Grüne Kuh» heisst der sympathische Käsespezialitätenladen an der Grundstrasse 2.

95 Das Rysläuferhuus

Interior Design aus dem Mittelalter

Als die Gemeinde Schwanden Anfang der 1990er Jahre eine Häuserzeile an der Hauptstrasse abbrechen lassen wollte, kamen – dank der Neugier eines Interessierten – in den Stuben unter dem Täfer Wandmalereien zum Vorschein. «1230» liest sich die Jahreszahl links oben auf dem gemalten Kunstwerk. Es zeigt einen Mann mit der typischen Kleidung eines Herrn in fremden Armeediensten, also einen Rysläufer. Er wird von einer Frau mit einem Kelch in der Hand begrüsst. Später wurde festgestellt, dass es sich um die Zahl 1534 handelt, eine gotische 4 und eine schlecht gemalte 5.

Auch so ist dies das älteste Exemplar einer bemalten Blockstube im Glarnerland. Man beschloss, die bemalte Stube vor dem Abbruch zu retten. Zehn Jahre lang wurde sie zwischengelagert. Bis man sie auf eine neu gebaute Trafostation im alten Dorfteil setzte. Heute dient dieses sogenannte Rysläuferhuus als Trauungszimmer und Gemeinderaum.

Die Szene mit einem gerüsteten Mann und einer Frau mit einem Trinkgefäss ist ein wiederkehrendes Motiv. Man findet es später etwa auch auf Glasscheiben. In Schwanden selbst – so wird erzählt – soll praktisch dieselbe Wandmalerei in einem zweiten alten Gebäude entdeckt worden sein. Dies wurde aber nicht publik, da man einen Umbau nicht gefährden wollte. Ob in den Häusern einst wohlhabende Rysläufer wohnten? Oder war dieses Sujet ein beliebtes Innendesign-Motiv, eine Modedekoration?

Die Reisläuferei war früher für die jungen Männer, die auf eigene Faust für fremde Herrscher in den Krieg zogen, eine gute Einkommensquelle. Das Wort Reise stand im Mittelhochdeutschen für einen kriegerischen Auszug, Feldzug. Erst 1929 verbot das Militärgesetz einzelnen Schweizer Bürgern den Eintritt in fremde Armeedienste. Einzige Ausnahme: die päpstliche Schweizergarde. Die Gardisten werden übrigens bis heute exklusiv in einem Personalbüro in Glarus rekrutiert.

Adresse Rütelistrasse 7, 8762 Schwanden, www.proschwanden.ch | **ÖV** S 6, S 25 nach Schwanden, wenige Minuten zu Fuss | **Anfahrt** A 3, Ausfahrt 44 Niederurnen, auf der N 17/ Hauptstrasse bis Schwanden, rechts in Thonerstrasse, rechts in Abläsch und gleich links in Rütelistrasse | **Öffnungszeiten** Mai–Sept. am letzten Sa im Monat 14–16 Uhr | **Tipp** Die Stiftung verwaltet auch das Ortsmuseum im Pulverturm aus dem 18. Jahrhundert.

96 Der Schwanderberg

Ein hoher Turm, eine bunte Villa und ein Mord

Er erinnert an eine Pyramide oder an einen Jagd-Hochsitz: Der Aussichtsturm auf dem Schwanderberg aus dem Jahr 2001 ist zwar nur zehn Meter hoch, dafür aber der höchstgelegene Holzturm der Schweiz auf 1.032 Metern über Meer. Von hier reicht die phantastische Aussicht vom Tödi bis zum Glärnischmassiv.

Gut 100 Jahre zuvor hatte die prächtige Sicht schon die Winterthurer Sektion des Schweizerischen Alpenclubs beeindruckt. So sehr, dass man 1903 ein Ferienheim errichtete, und zwar noch etwas höher, auf 1.111 Metern über Meer. Der eindrückliche Bau mit Turm und grosser Veranda war eine Ferienkolonie für Kinder aus bessergestellten Familien. Der Pensionspreis im «Schwandi» betrug damals nämlich drei Franken pro Tag – umgerechnet auf die heutigen Löhne würde der Aufenthalt für drei Wochen rund 2.000 Franken kosten. Übrigens waren erst ab 1916 auch Mädchen zugelassen. 1992 wurde das Ferienheim an den Pfadidistrikt St. Georg in Zürich verkauft. Es bekam den Übernamen «Villa Kunterbunt», weil es an die Villa von Pippi Langstrumpf erinnert. Es wurde umfassend renoviert und dient bis heute als Pfadi- und Lagerheim.

Gewisse Pfadimitglieder behaupten, im Dachstock der Villa soll man bisweilen geisterhafte Geräusche vernehmen. Ob das mit dem Verbrechen an Paula Köll zu tun hat, die 500 Meter westlich der Villa tot aufgefunden wurde? Es war im Jahr 1934. Die 28-jährige Servicemitarbeiterin war vom Restaurant «Fryberg» zu Fuss unterwegs zum Restaurant «Tannenberg», wo sie logierte. Im Ferienheim hätte sie einen Telefonanruf ausrichten sollen. Ihr Weg führte etwas unterhalb der Villa Kunterbunt vorbei, etwa dort, wo heute der Schwander Aussichtsturm steht. Die junge Frau kam nie dort an. Zwei Wochen später wurde ihre gefesselte Leiche gefunden. Der Fall wurde niemals gelöst.

Der Schwanderberg ein Ort, an dem es spukt? Das sind ja heitere Aussichten.

Adresse Tannenbergstrasse, 8773 Schwanden | ÖV S 6, S 25 nach Nidfurn-Haslen | Anfahrt A 3, Ausfahrt 44 Niederurnen, auf der N 17/Hauptstrasse bis Nidfurn und links Richtung Haslen abzweigen, Wegweiser nach Tannenberg folgen, kurze Wanderung hinauf zum Aussichtsturm | Tipp Unweit der Tannenbergstrasse, etwas im Wald versteckt, liegt der markierte Mittelpunkt des Kantons Glarus.

97 Der Waldlehrpfad

Ein Preis für Vivians Erbe

Ende Februar 1990 erlangte Vivian grosse Berühmtheit: Der Wintersturm fegte mit aller Heftigkeit über Europa und die Schweiz. Damals wurde auf dem Grossen St. Bernhard die schweizweit bisher stärkste Windböe gemessen: 268 Kilometer pro Stunde. Vor allem in den Voralpen fällte Vivian viele Schutzwälder. An den Hängen des Niederentals, am Gandberg und am Schwanderberg wurden Bäume wie Streichhölzer umgeworfen: 343.000 Kubikmeter Holz, das sind fast 3,5 Prozent der Holzmenge, die in einem Jahr im Schweizer Wald nachwächst. Nicht nur war damit der Schutz vor Steinschlag und Lawinen weggefallen. In der Folge vermehrte sich auch der Borkenkäfer und zerstörte noch mehr Holz, nämlich nochmals so viel wie der Sturm.

Diese Sturmfläche nutzte das Forstamt Schwanden zusammen mit der eidgenössischen Forschungsanstalt WSL zur Erforschung der Waldentwicklung: Vivian als Chance. Das Gebiet mit den Versuchsflächen wurde zum Wald-Totalreservat Gandberg. Sehr gut sichtbar sind diese von der Aussichtsplattform etwas oberhalb vom Alpstegwijer. Von hier aus blickt man direkt auf den gegenüberliegenden Hang. Dank einer transparenten Schablone auf Augenhöhe sind die verschiedenen Vivianflächen klar erkennbar: Sie wurden entweder nur geräumt, geräumt und aufgeforstet oder einfach sich selbst überlassen. Infotafeln geben Auskunft über die Waldverjüngung und Biodiversität.

Dafür wurde der Gemeinde Schwanden 2001 der Binding Waldpreis zum Thema «Zukunftsweisender Umgang mit Störungen» verliehen. Mit dem Preisgeld hat man den «Vivian als Chance»-Themenweg ins Leben gerufen. Wer durch den bewaldeten Hang hochsteigt, kann sich am Wegesrand selbst ein Bild machen. Etwa davon, wie Pilze und Insekten auf dem Totholz leben. Wie sich die Vegetation auf den einst zerstörten Flächen verändert hat, weil der Boden mehr Wärme und Licht erhält. Oder wie artenreich der junge Wald nachwächst.

Adresse Niederentalstrasse, 8762 Schwanden | ÖV S 6, S 25 nach Schwanden, Bus 544 bis Restaurant Fryberg | Anfahrt A 3, Ausfahrt 44 Niederurnen, auf der N 17/Hauptstrasse nach Schwanden, Wegweiser Seilbahn Kies-Mettmen folgen, kurz vor dem Alpstegwijer links parkieren und rechts auf Wanderweg 200 Meter in den Wald laufen | Tipp Eine Pause verdient? Gut, liegt das Restaurant Fryberg gleich in der Nähe.

98 Der Whiskykeller

Die Bierbrauer brennen auch für Single Malt

Dass eine Brauerei Whisky herstellt, ist nicht so abwegig – wird doch Bier wie auch Whisky aus Gerste hergestellt. Trotzdem, bis vor wenigen Jahren hatte die Besitzerfamilie noch keine Ambitionen auf ein Whisky-Abenteuer. Die Oeschgers führen die Brauerei Adler in der fünften Generation. Überredet wurden sie von einem ihrer Braumeister, einem grossen Single-Malt-Fan. Und da man für das 190-jährige Jubiläum der Brauerei im Jahr 2018 etwas Besonderes einführen wollte, wurde versuchsweise gebrannt. So wurde eine erste Charge von 350 Flaschen Martinsloch-Whisky nach drei Jahren im Fass abgefüllt. Innerhalb von zwei Wochen waren alle Flaschen ausverkauft.

Seither reifen in einem Felskeller, der früher für die Bierfiltration verwendet wurde, verschiedene Fässer mit der kostbaren Füllung. Das Geheimnis eines guten Whiskys liegt nicht zuletzt in der Wahl des Fasses. Dass es bereits für eine Goldmedaille bei den Swiss Spirits Award gereicht hat, ist sicher auch dem Expertengremium zu verdanken, das die Brauer berät. In die Flasche kommt das bernsteinfarbene Getränk in Fassstärke mit 55 Prozent. Jedes Jahr gibt es eine neue Abfüllung, 500 Flaschen nur. Ruth Oeschger klebt jedes Etikett von Hand auf. Praktisch die ganze Edition jedes Jahrgangs ist vorreserviert.

Dabei lagern im Keller auch einige Fässer länger als drei Jahre – zum 200-Jahr-Jubiläum der Brauerei Adler darf man sich also auf eine spezielle Rarität freuen. Den Single Malt aus Schwanden «Martinsloch» zu taufen ist als namentliche Weiterführung der Sagenbiere, einer Edition von Spezialbieren, gedacht.

Ob sympathischer Zufall oder gut gewählt: Das Wort «Loch» kennt man auch in Schottland. Es bezeichnet einen See, der berühmteste ist sicher der Loch Ness. Auch im Land der Whiskys im Norden dürfte der Martinsloch Single Malt also bestimmt gut ankommen.

Adresse Hauptstrasse 34, 8762 Schwanden, www.brauereiadler.ch | **ÖV** S 6, S 25 nach Schwanden, Bahnhofstrasse über die Linth und rechts Durchgang zur Hauptstrasse | **Anfahrt** A 3, Ausfahrt 44 Niederurnen, auf der N 17/ Hauptstrasse bis Schwanden | **Öffnungszeiten** Getränkemarkt: Mo 14–18.30 Uhr, Di–Fr 8.30–11.45 und 14–18.30 Uhr, Sa 8–16 Uhr; Brauereiführungen auf Anfrage unter Tel. 055/6473535 | **Tipp** Im Ortsteil Thon finden sich imposante Fabrikantenvillen.

99 Die Bergbadi

Eintauchen zwischen Wald und Bergspitzen

Beschützt von der mächtigen Vorderglärnischwand, den Blick frei auf den Schilt oder Richtung Sernftal – die romantische alpine Badi hat gute Aussichten. Und viel Retro-Charme. Tatsächlich gehört das Schwimmbad Schwändi zu den ältesten Badeanstalten im Glarnerland. Dabei hat sich der Betrieb aber schon von Anfang an fortschrittlich, etwa punkto Gemeinschaftsbad und Sonnenenergie, gezeigt.

Gegründet wurde die Badi in den wirtschaftlich schwierigen 1930er Jahren. 1932 kam der Elektriker Thomas Zimmermann auf die Idee, an der Guppenrunse eine öffentliche Badeanstalt zu bauen. Wasser war genügend vorhanden. Finanzielle Mittel hingegen waren äusserst knapp. Dennoch gelang es, in der Bevölkerung Geld zu sammeln und eine Vereinigung zu gründen. 33 einheimische Männer taten sich zusammen. Während sieben Monaten oder rund 4.000 Stunden bauten sie in Fronarbeit die Badeanlage mit einem Schwimmbecken von zehn mal 15 Metern. Am 25. Juni 1933 konnte die Badi Schwändi – mit Darbietungen vom Schwimmclub Glarus – feierlich eröffnet werden.

Eigentlich hatte man damals geplant, die Badi nach Geschlechtern getrennt zu öffnen. Der Badeplan mit den unterschiedlichen Öffnungszeiten für Damen und Herren war bereits gedruckt. Nach Diskussion entschied sich der Vorstand dann aber doch für ein Gemeinschaftsbad, dafür gegen Alkoholausschank. 40 Rappen Eintritt zahlten damals Erwachsene, 20 Rappen die Kinder.

Früh kam auch die Idee auf, Sonnenenergie zur Erwärmung des Wassers zu nutzen. Ein Rohr wurde über das Dach des Badehäuschens geleitet, in dem sich das Wasser aufwärmen konnte. Wegen Rost musste diese Einrichtung später demontiert werden. Unzählige Sanierungen und Modernisierungen, zwei Lawinenniedergänge in den Jahren 1940 und 1978, mehrere Mitgliedschaftserweiterungen und Finanzierungsrunden später bietet die Badi bis heute viel Freude für Jung und Alt.

Adresse Allmeindli, 8762 Schwändi, www.badischwaendi.ch | ÖV S 6, S 25 nach Schwanden, Bus 542 bis Schwändi Adler | Anfahrt A 3, Ausfahrt 44 Niederurnen, auf der N 17/Hauptstrasse bis Schwanden, rechts auf Thonerstrasse der Abzweigung Schwändi bis Ortseingang folgen | Öffnungszeiten Mai – Sept. täglich 10 – 18 Uhr bei schönem Wetter | Tipp Das Unique-Restaurant ist über Schwändi hinaus für gute Küche bekannt.

100_Die Geistervilla

Um dieses Haus macht man einen Bogen

Es ist tatsächlich so: Die Strasse führt als Kurve um die imposante Villa herum, die sich hinter Bäumen und Büschen verbirgt. Der Prunkbau im klassizistischen Stil mit seinen Monumentalsäulen in der Fassade erinnert an ein Herrenhaus der früheren Glarner Fabrikanten. Dabei wurde er erst 2007 fertiggestellt. Besitzer und Bauherr ist der erzkatholische amerikanische Multimillionär Dexter Ball. Als sich der Kalifornier mit seiner Frau und sieben Kindern für ein Grundstück am Dorfrand von Schwändi interessierte, war man froh um einen so reichen Interessenten. Sogar die bestehende Strasse von Glarus nach Schwändi liess man, immerhin auf Kosten des Amerikaners, um 20 Meter verlegen, im Bogen um sein Land herum, damit sie ihm nicht zu nahe kam. Die Familie Ball baute, zog ein, lebte aber sehr abgeschieden. Alle Kinder wurden durch private Lehrer in der Villa geschult. Als Strenggläubiger hatte Ball sogar eine Kapelle mit Altar und Orgel bauen lassen. Nur einen Priester, der mit ihm jeden Tag eine altkatholische Messe auf Lateinisch feiern würde, fand er nicht.

Lange währte die Freude an den Amerikanern nicht. Immer mehr geriet Dexter Ball als Anhänger einer antisemitischen Bruderschaft und als religiöser Fanatiker ins Zwielicht. Nach zwei Jahren in Schwändi kehrte die Familie nach einem Aufenthalt in den USA einfach nicht mehr an ihren Schweizer Wohnort zurück. Seit 2009 steht das luxuriöse Anwesen leer.

Schon lange rankten sich Gerüchte um geheime Tunnel und Gänge. Gerüchte, die sich später als wahr erweisen sollten: Dexter Ball hatte für seine Nachkommen ein Labyrinth mit Geheimgängen bauen lassen, von denen nur er wusste. Verborgene Treppenhäuser soll es geben, die miteinander verbunden sind. Und von jedem Stockwerk soll man in einen der Geheimgänge gelangen, die in einen Tunnel münden. Dessen Ausgang soll ausserhalb der Villa liegen. Als Felsen getarnt.

Adresse Weidli 262, 8762 Schwändi | **ÖV** S 6, S 25 nach Mitlödi oder Schwanden, Bus B 542 bis Schwändi Lassigen oder Schwändi Güetli | **Anfahrt** A 3, Ausfahrt 44 Niederurnen, auf der N 17/Hauptstrasse bis kurz nach Glarus, dann Abzweigung rechts nach Schwändi | **Öffnungszeiten** nur von aussen zu besichtigen | **Tipp** In der Käserei Schüpfen (Schüpfen 228) kann man diverse Glärnisch-Käse direkt ab Gewölbekeller kaufen.

101 Der Dorfbrunnen

Es ist nicht alles Gold, was im Wasser glänzt

Ein Monolith ist er, der Dorfbrunnen in Sool, aus einem einzigen Steinblock gehauen. Eingemeisselt ist das Jahr 1799. Verwendet wurde ein Block aus Seewerkalk, ein gelblich grauer, dichter, wellig verlaufender Kalk von Bergsturzfelsen in Riedern. Hatten die Steinmetze den Stein vor Ort behauen, mussten bis zu 60 Männer den Brunnentrog auf untergelegten Holzstämmen in die verschiedenen Dörfer ziehen. Auch nach Sool, wo es zwei Brunnen gibt. Interessant ist, dass sich auf der Sooler Terrasse gar keine Quelle und kein Bach befinden. Die Dorfbrunnen lagen also oftmals trocken. Wasser musste manchmal aus der Linth oder aus dem Sernf geholt werden. Erst im Jahr 1848 wurden zwei Quellen im Hellbachgebiet unterhalb der Alp Fessis gefasst und das Wasser zu den Brunnen geleitet.

Ab dann sprudelte im Brunnen kostbares Nass – aber kein Gold, wie es eine Geschichte überliefert: Als eines Nachts der Vollmond hell und strahlend schien und sich im Brunnenwasser spiegelte, meinte ein Sooler – auf dem Nachhauseweg nach dem Wirtshausbesuch –, flüssiges Gold zu erkennen. Er alarmierte das Dorf, und bald liefen alle zusammen und versuchten, von Hand oder mit Kellen und Schaufeln das glitzernde Metall aus dem Trog zu schöpfen. Alle Anstrengungen waren ohne Erfolg. Also verschloss man den Brunnen erst mal mit Brettern, damit niemand von dem Gold stehlen konnte, bis man eine Lösung gefunden hatte, wie man das Metall herausfischen konnte.

Am nächsten Morgen entfernte man die Bretter, und siehe da, alles Gold war verschwunden. Man rätselte und stellte Vermutungen an. Hatte ein Einheimischer oder ein Fremder das Gold gestohlen? Der Nachtwächter schwor, dass sich niemand bei Dunkelheit dem Brunnen genähert hätte. Als sich herausstellte, dass niemand über Nacht oder auch später reich geworden war, liess man von der angeblichen Goldquelle ab. Und die Geschichte versickerte wieder.

Adresse Dorfstrasse/Adlergasse, 8762 Sool | ÖV S 6, S 25 nach Schwanden, Bus 543 bis Sool Alter Löwen | Anfahrt A 3, Ausfahrt 44 Niederurnen, auf der N 17/Hauptstrasse bis Mitlödi, links in Kreuzgasse abbiegen, über die Linth und rechts der Soolerstrasse folgen | Tipp Die Burgruine Sola lädt zum Erforschen und Picknicken ein.

102 Die Engpassage

Wo Busse und Laster stecken bleiben

Auf der Sonnenseite des Tals liegt das Dorf Sool, auf der aufgetürmten Abbruchmasse eines prähistorischen Bergsturzes. Auf der Strasse erreichbar ist der Ort von zwei Seiten: von Mitlödi und von Schwanden aus. Natürlich kann man auch durch Sool hindurchfahren, von Schwanden nach Mitlödi und umgekehrt – zumindest mit dem Pkw, dem Traktor oder dem Sernftaler Kleinbus. Lastwagen und Kehrichtabfuhr können die Dorfmitte allerdings nicht passieren. Denn dort stehen zwei Wohnhäuser an der Strasse so eng beisammen, dass sich ein grosser Wagen nicht durchzwängen kann.

Schon in früheren Zeiten führte die Strasse zwischen dem Doppelwohnhaus mit den grünen Fensterläden und dem hölzernen Bau, der heute als Ferienhaus dient, durch. Nur reiste man damals mit Pferden und Kutschen. Die niedrigen Steine entlang der Strasse, die wie abgerundete kleine Hinkelsteine aussehen, schützten die Hausfassaden vor den Wagenrädern.

Schutz vor dem heutigen Strassenverkehr haben die Häuser an der Engstelle keine. Dass sich schon so mancher Fahrer verschätzt hat, davon zeugen die Kratz- und Lackspuren an der Hauswand. Einheimische Lastwagenfahrer wissen in der Regel, dass es keine Durchfahrt gibt, und nehmen den einen oder anderen Weg. Auswärtige Chauffeure muss man anweisen.

Etwas umständlich waren die Monate, als die Strasse zwischen Schwanden und Sool aufgrund von Bauarbeiten gesperrt war. Da mussten die Sooler auf der südlichen Dorfseite ihre Kehrichtsäcke in den nördlichen Ortsteil bringen. Das Risiko, dass die Feuerwehr im Brandfall aufgrund der Engstelle einen Umweg fahren müsste, wollte man allerdings nicht eingehen. So wurde beschlossen, die museumsreife, von Pferden gezogene Feuerwehrspritze wieder instand zu setzen. Mit einem Aufruf in der Zeitung wurden im ganzen Kanton Zugpferde gesucht – was sich am nächsten Tag als Aprilscherz herausstellte.

Adresse Dorfstrasse 44/27, 8762 Sool | ÖV S 6, S 25 nach Schwanden, Bus 543 bis Sool Alter Löwen | Anfahrt A 3, Ausfahrt 44 Niederurnen, auf der N 17/Hauptstrasse bis Mitlödi, links in Kreuzgasse abbiegen, über die Linth und rechts der Soolerstrasse folgen | Tipp Im Dorfmuseum Sool beim Restaurant Adler gibt es Spannendes zu entdecken.

103 Die Fessisseelein

Mystische Wasser auf der Hochebene

»Bi den Seelenen», steht auf dem Wanderwegweiser auf Aeugsten. Poetisch klingt diese Bezeichnung, die den «See» und die «Seele» spielerisch ineinanderfliessen lässt.

Wer von der Bergstation der Aeugstenbahn etwa 2,5 Stunden hinaufwandert, beim Schafleger vorbei, erreicht eine Hochebene auf über 2.000 Metern über Meer. Ein Plateau wie ein nordischer Fjell. Gleich mehrere Seelein, eine ganze Wasserlandschaft auf verschiedenen Höhen, liegen vor einem, so, als hätte jemand eine Hand voller Smaragde über Moor und Fels ausgestreut. Grünschwarz leuchtet das Wasser, wo sich Felsen spiegeln, und tiefblau, wo der Himmel abgebildet ist. Man könnte sich in die spiegelnden Oberflächen vertiefen. Oder den Kopf heben und Weite tanken: Die berühmtesten Glarner Gipfel bilden praktisch ein 360-Grad-Rundumpanorama.

Von der archaischen Schönheit dieser Ansammlung von Seelein war auch schon Vreneli, die Protagonistin von Tim Krohns Roman «Vrenelis Gärtli», fasziniert. Die Fessisseelein sind ihr Refugium, wie der Schriftsteller schreibt: «… lag sie nur noch im See wie eine Herrschaft im Bad und schupfte Welleli ans andere Ufer und sah, wie die Sonne durch die Welleli ins Wasser prätschte und Welleli aus Licht auf ihre Haut warf, und fand sich asen das schönste Meitli überhaupt. Dann sah sie übers Tal und auf den Selbsanft und den Tödi und den Clariden und den Gemsfairen und den Bös Fulen und endlich den Glärnisch mit seinem ebigs langen Grat, und als sie sah, dass auch die Berge waren wie uumäre eisige Welleli, da wusste sie zeinersmal ganz bestimmt, dass ihre Welleli weiter gewandert waren über das Ufer vom Fessisseeli hinaus in die Berge und weiterwandern würden über die ganze Welt.»

Interessant ist, dass Tim Krohn sich für diese Passage anhand einer Landkarte und eines Wanderbuchs orientiert hat. Denn Schauplätze besuche er erst, wenn der Text geschrieben sei.

Adresse 8762 Sool | **ÖV** S 6, S 25 nach Ennenda, zehn Minuten zu Fuss zur Station der Auegstenbahn | **Anfahrt** A 3, Ausfahrt 44 Niederurnen, auf der N 17/Hauptstrasse hinter Glarus links nach Ennenda, via Kirchweg, Post- und Wiesstrasse zur Talstation der Aeugstenbahn | **Tipp** Nach der Wanderung schmecken Wildheuerplättli oder frisch gebackene Kuchen in der urchigen Aeugstenhütte wunderbar.

104 Die Lochsite

Der Ältere liegt auf dem Jüngeren

Hans Konrad Escher war vor über 200 Jahren der Erste, der bemerkte, dass in den Glarner Alpen etwas nicht stimmte: Bei der Lochsite im Sernftal lag nämlich älteres Verrucano-Gestein über jüngerem Flysch-Stein. Da mussten sich Schichten übereinandergeschoben haben. 40 Jahre später stimmten auch sein Sohn Alfred Escher und der Geologieprofessor Sir Roderick Impey Murchison dieser Beobachtung zu.

Welch revolutionäre und in der Alpengeologie völlig unbekannte These! Also erfand Alfred Escher die Theorie der Doppelfalte: Zwei Faltenschenkel seien durch Schrumpfung der abkühlenden Erdkruste übereinandergekippt. Der Geologe und ETH-Professor Albert Heim schloss sich später der Doppelfaltentheorie an. Sein deutscher Gegenspieler August Rothpletz erklärte das Phänomen wiederum mit einer grossen Decken-Überschiebung. Der Streit entbrannte – Faltung versus Überschiebung, Dogmatiker Heim gegen Rebell Rothpletz. Erst als 1894 ein weiterer Forscher in den Westschweizer Alpen ein Alpenprofil zeichnete, das auf der Überschiebung beruhte, wurde diese als Theorie zur Entstehung der Alpen anerkannt. Albert Heim akzeptierte und entwickelte die Forschung sogar weiter.

Heute weiss man, dass die Überschiebung in einer Tiefe von über zehn Kilometern stattfand, bei einer Temperatur von rund 350 Grad Celsius, und etwa zehn Millionen Jahre dauerte. Dies entspricht einer Geschwindigkeit von rund vier Millimetern pro Jahr. Als «Schmiermittel» zwischen dem 35 Millionen Jahre alten Flysch und dem 250 Millionen Jahre alten Verrucano diente der Lochsitenkalk.

Die Erforschung der Lochsite hat bis heute eine grosse Bedeutung. Sogar das American Museum of Natural History in New York hat von der sichtbaren, messerscharfen Überschiebungslinie im Gestein einen Abguss. Wie gut, kann man im Sernftal einfach anhalten und die Kerbe mit den unterschiedlichen Steinen anschauen und anfassen.

Adresse Sernftalstrasse, 8762 Sool | ÖV S 6, S 25 nach Schwanden und etwa zehn Minuten zu Fuss | Anfahrt A 3, Ausfahrt 44 Niederurnen, auf der N 17/Hauptstrasse bis Schwanden, Richtung Elm abbiegen und zwei Kilometer der Sernftalstrasse folgen | Tipp Das Besucherzentrum des UNESCO-Welterbes Tektonikarena Sardona in Elm bietet Einblicke in die Entstehung der Glarner Hauptüberschiebung.

105 Die Baumgartenalp

Höchste. Längste. Kälteste. Erste. Vierfache.

Die Baumgartenalp ist wahrlich eine Kulturlandschaft der Superlative. Auf 1.602 Metern über Meer hat die Alp den höchstgelegenen Unterstafel im Kanton Glarus. Und auch die längste ununterbrochene Trockenmauer des Glarnerlandes. Auf 830 Metern Länge führt diese auf der Kante der senkrechten Baumgartenwand entlang und schützt Mensch und Vieh. Der Baubeginn der Mauer geht bis in das Jahr 1302 zurück, als die Alp der klösterlichen Herrschaft von Säckingen zinspflichtig war.

Zugleich ist beim Oberstafel die kälteste Trinkwasserquelle zu finden. Wie schon in einem Inspektionsbericht von 1905 notiert wurde: «Am Oberstafel befindet sich eine Quelle von so niedriger Temperatur, wie wir bei anderen Alphütten des Kantons Glarus noch keine getroffen haben. Das Thermometer des Sennen sank auf 2,5 °Réaumur, was als ein Unikum bezeichnet werden kann.» Das entspricht 3,125 Grad Celsius.

Dann wurde 1956 erstmals im Glarnerland im Zuge eines ETH-Forschungsprojekts eine Milchpipeline installiert. So kann man die ganze Alpsaison lang im Unterstafel käsen.

Nicht zuletzt soll sich auf der Baumgartenalp auch ein Naturspektakel abspielen: ein vierfacher Sonnenauf- und -untergang. Zumindest an den Tagen rund um den 6. Dezember und den 6. Januar. Zwischen Limmerntal, Vorder Selbsanft, Tödi, Chli-Tödi und Zuetribistock grüsst und verabschiedet sich die Sonne vier Mal. Dies zu beobachten dürfte aber schwierig sein, ist doch der Weg auf die Alp im Winter gesperrt.

Bekannt ist die Baumgartenalp vor allem wegen ihrer herrlichen Alpensicht. Schon Hans Konrad Escher, der Erbauer des Linthkanals, hat das Panorama verewigt. Zwei Mal besuchte er die Alp, 1815 und 1817, zusammen mit dem Astronomen Johann Caspar Horner. Horner war der Navigator von Admiral Krusenstern, welcher für den russischen Zaren die Welt umsegelte.

Adresse Tierfehd, 8783 Linthal | ÖV S 6, S 25 nach Schwanden | Anfahrt A 3, Ausfahrt 44 Niederurnen, auf der N 17/ Hauptstrasse bis Linthal, leicht links der Dorf-/Auenstrasse fünf Kilometer folgen, circa 2,5 Stunden weiter auf Wanderweg | Tipp Sommer-Geburtstagskinder können hier Alpkäse bestellen, der genau an ihrem Geburtstag hergestellt wurde.

106 Das Hotel Tödi

Die Liebenden am Ende der Welt

«Am Ende der Welt», wie der Arzt und Reiseschriftsteller Johann Gottfried Ebel das Tierfehd einst beschrieb, liegt das Hotel Tödi nicht. «Sagenhaft abgelegen», wie das Haus selbst wirbt, trifft es eher. 1860 wurde das Hotel als «Curanstalt und Gasthof Tödi» erbaut. Die Stille und die wildromantische Bergkulisse zogen Besucher, Künstler, Adlige und gut betuchte Gäste ins hinterste Glarnerland. Diese kurten ab 1830 in Bad Stachelberg in Linthal und zogen danach weiter in die Abgeschiedenheit am Talende.

Mit dem Ausbruch des Ersten Weltkriegs 1914 reisten die Gäste ab und kamen nicht wieder. Ausser drei Besuchern, die 1915 in einem offenen Wagen vorfuhren. Es waren Karl Kraus, seine Geliebte Sidonie Nádherný von Borutín und eine Anstandsdame. In der Schweiz lebten der österreichische Dichter und die böhmische Adlige ihre geheime Liebesliaison aus. Mehrmals logierten die Liebenden im Hotel Tödi, nach 1915 auch 1916 und 1917. In diesem Jahr schrieb Kraus im Hotel Tödi den Epilog zu seinem Drama «Die letzten Tage der Menschheit».

Die Beziehung der beiden war voller Entfremdungen und Versöhnungen. 23 Jahre und 1.065 Briefe lang bemühte sich Kraus um Sidi, oft verspürte er dabei «Liebestodesangst». Er schlug weitere Treffen im Hotel Tödi vor: «Man müsste sich töten, wenn's nicht die Hoffnung auf Tierfehd gäbe», heisst es in einem Brief. Auch eine Strophe in einem Gedicht widmet er dem stillen Ort im Alpental: «Du Tal des Tödi bist vom Tod der Traum / Hier ist das Ende / Die Berge stehen vor der Ewigkeit / Wie Wände / Das Leben löst sich von dem Fluch der Zeit / Und hat nur Raum, nur diesen letzten Raum.»

Nach einer Wiederaufnahme der Beziehung 1928 reiste das Paar ein letztes Mal ins Tierfehd. Im «Livre des Étrangers» im Hotel Tödi trugen sie sich unter ihren eigenen Namen «Karl Kraus» und «Sidonie Nádhern» ein. Einen Tag später reisten sie wieder ab.

Adresse Tierfehd, 8783 Linthal, www.hoteltoedi.ch | **ÖV** S 6, S 25 nach Schwanden und eine Stunde zu Fuss | **Anfahrt** A 3, Ausfahrt 44 Niederurnen, auf der N 17/ Hauptstrasse bis Linthal, leicht links der Dorf-/Auenstrasse fünf Kilometer folgen | **Öffnungszeiten** Mai–Okt. Mo–Sa 8–23 Uhr, So 9–19 Uhr, Nov.–April So und Mo Ruhetage | **Tipp** Von Mitte Juni bis Anfang August bietet der Schreyenbachfall ein tolles Naturschauspiel.

107 Die Pantenbrücke

Viele Namen für zwei Brücken über eine Schlucht

Die Pantenbrücke verbindet steile Felswände entlang der Linthschlucht, verbindet das Tierfehd mit dem Kisten- und Sandpass. Dabei stützt sich die obere Brücke aus dem Jahr 1902 auf die ältere Brücke von 1854.

Die Geschichte reicht aber noch weiter zurück. Bereits 1457 wurde ein Übergang über die Schlucht gebaut, dann 1560, 1750 und auch noch später. Die Pantenbrücke war vielen Reiseschriftstellern und Malern ein Motiv. So schreibt Heinrich Runge im Jahr 1870: «Wir wandern zur weitberühmten Pantenbrücke, einer der grossartigsten Stätten der Schweiz. Überall steigen gewaltige Felsen empor, rechts der Altenohren, links die grauen Wände der Baumgartenalp, geradeaus die nackte, schauerliche, fast senkrecht aufsteigende Pyramide des Selbsanft. In der Tiefe einer schmalen Kluft braust und schäumt der Sandbach, über welchen sich 196 Fuss über dem Wasserspiegel die Brücke hinstreckt.»

Zur Entstehung der Brücke gibt es eine Sage: Dem jungen Ziegenhirten Friedli, der auf der Alp lebt, erscheint in Tagträumen der fromme Vater Bruno. Der Junge möchte den Einsiedler unten im Tal besuchen, kann aber nicht über die Schlucht hinabsteigen. Als Friedli eines Tages seine Ziegen auf die Weide treibt, sieht er plötzlich zwei der Tiere auf der anderen Seite des tiefen Schluchtabgrunds weiden. Er geht näher heran und entdeckt eine Brücke, «als hätte sie der kühnste und geschickteste Baumeister hinübergewölbt». Und weil die Brücke in den nächsten Jahren Lawinen standhält, wird sie fortan «Gebannte Brücke» genannt oder kürzer «Bantenbrücke». Man glaubt, dass sie gegen Naturkatastrophen gebannt und von einem höheren Wesen geschützt ist.

Der Name Panten wird aber auch von «pons pendens», hängende Brücke, hergeleitet. Oder von «pontus», Brücke, und «pantum», Passage für Vieh. Somit wäre die Pantenbrücke direkt übersetzt die «Brückenbrücke». Oder eben eine Doppelbrücke, wie sie heute hier steht.

Adresse Tierfehd, 8783 Linthal | ÖV S 6, S 25 nach Schwanden und 1,5 Stunden zu Fuss | Anfahrt A 3, Ausfahrt 44 Niederurnen, auf der N 17/Hauptstrasse bis Linthal, leicht links der Dorf-/Auenstrasse fünf Kilometer folgen und eine halbe Stunde wandern | Tipp Etwas höher liegt die Üelialp. Die Aussicht zum Tödi wurde einst als «eine Steigerung des Blicks vom Erhebenden ins Überwältigende, vom Lieblichgrossen ins Wilde, vom Lyrischen ins Epos» beschrieben.

108 Das Pumpspeicherwerk

Ein Wanderstollen und eine Batterie im Berg

Sofort fröstelt es einen, wenn man durch eine Stahltür in den Berg hineingeht. Von der Bergstation Kalktrittli führt der Wanderweg Richtung Muttseehütte drei Kilometer lang durchs Felsinnere, ausser man wählt den Weg für Schwindelfreie aussen entlang.

Der Wanderstollen wurde einst gebaut, um Material und Baumaschinen zu Bauplätzen bei der Limmern- und Muttseestaumauer zu bringen. Zwei Zürcher Trams transportierten früher die Arbeiter auf den noch immer sichtbaren Gleisen. Dabei gibt der imposante Tunnel nur einen Eindruck davon, welche enormen Dimensionen das Kraftwerk im Bauch des Bergs aufweist.

Mit dem Ausbauprojekt Linthal 2015 wurde das Werk um ein Pumpspeicherwerk ergänzt. Damit kann man Wasser aus dem Limmernsee in den höher gelegenen Muttsee zurückpumpen und bei Bedarf wieder zur Stromproduktion nutzen. Rund 600 Meter im Berginnern liegt das Herz, die Kavernenzentrale. Die Maschinenkaverne ist mit 53 Metern Höhe und 150 Metern Länge gigantischer als die Züricher Bahnhofhalle. Zwei Druckleitungen verbinden den Muttsee mit der Zentrale und zwei Unterwasserstollen die Zentrale mit dem Limmernsee. Zur Kaverne gelangt man über einen vier Kilometer langen Zugangsstollen mit einer Standseilbahn. Die Bohrung des Stollens wurde mit einer Tunnelbohrmaschine ausgeführt, welche sich täglich 20 Meter in den Felsen frass, und das mit einer Steigung von 24 Prozent – ein Weltrekord.

Rekorde hält auch der Muttsee. Auf 2.474 Metern über Meer ist er der höchstgelegene Stausee Europas und hat mit 1.050 Metern die längste Staumauer der Schweiz. Eine hochalpine Fotovoltaikanlage an der Mauer ist in Planung.

Genauso eindrücklich an der Kraftwerkanlage ist übrigens auch das, was man nicht mehr sieht: So wurden nach Fertigstellung das riesige Containerdorf für die Arbeiter und die Transportseilbahnen zurückgebaut und zahlreiche Flächen renaturiert.

Adresse Tierfehd, 8783 Linthal | **ÖV** S 6, S 25 nach Schwanden und eine Stunde zu Fuss | **Anfahrt** A 3, Ausfahrt 44 Niederurnen, auf der N 17/ Hauptstrasse bis Linthal, leicht links der Dorf-/Auenstrasse fünf Kilometer folgen | **Öffnungszeiten** Besucherführungen durch das Pumpspeicherwerk möglich, Infos unter www.axpo.com | **Tipp** Eine siebenstündige Bergwanderung führt von Tierfehd zur Planurahütte und zum grössten Windkolk von Europa.

109 Die Urhütte

Die Grünhornhütte ohne Tür und Dach

Die archaische Bergwelt mit ihren massiven Felswänden und dem zerklüfteten Bifertenfirn galt früher als karges Terrain, als Einöde. Womöglich hat der 3.614 Meter hohe Tödi daher seinen Namen: von Öde. Dieser weisse Fleck auf den Landkarten wurde zum Exkursionsziel von Alpinisten und Wissenschaftlern. Rudolf Theodor Simler stand am 30. Juli 1861 auf dem Gipfel des Tödi. Damals soll er die Idee einer «Association» von Berggängern und einer Schutzhütte gehabt haben. Früher hatten diese meist auf der Alp Vordersand übernachtet.

Zwei Jahre später war es so weit. Der Schweizerische Alpenclub wurde 1863 gegründet. Zugleich wurde mit dem Bau einer Schutzhütte auf dem Grünhorngrat auf 2.448 Metern begonnen. Insgesamt zwölf einheimische Bergführer, Hirten und Gemsjäger waren für die Bauarbeiten zuständig. Sie mussten Materialien wie schwere Holzbalken vom Tal hinaufschleppen. Für die Schwerstarbeit erhielt jeder der Männer täglich ein Pfund Fleisch oder Wurst, ein Kilo Brot, einen Schoppen Cognac und eine Flasche Wein. Und für alle zusammen gab es zwei Flaschen Sprit, ein Kilo Zucker und Schokolade, Flanellhemden, Lippenpomade, Gamaschen und Sonnenbrillen.

861 Franken kostete der Bau der nur zwei mal drei Meter grossen Grünhornhütte. In den dicken Mauern aus Alpinit-Steinen gab es keine Tür und kein Dach. Die Berggänger zogen jeweils eine Plane über die Giebelbretter und rollten diese am nächsten Tag wieder ein. Man schlief auf Heu. Brennholz und Wasser mussten hochgetragen werden. Die allererste SAC-Hütte unter dem Tödi war ein einfaches Basislager. Später wurde sie besser ausgestattet, es gab einen Ofen und acht Schlafplätze. Nach mehreren Sanierungen wurde sie 2011 geschlossen, nachdem sie eine Zeit lang nur noch als Notlager gedient hatte. Die Grünhornhütte wurde glücklicherweise nicht abgerissen. So erinnert sie heute als alpines Baudenkmal an die Pionierzeit des Alpinismus.

Adresse Grünhornhütte, Tierfehd, 8783 Linthal | ÖV S 6, S 25 nach Linthal, Wanderung 6,5 bis sieben Stunden | Anfahrt A 3, Ausfahrt 44 Niederurnen, auf der N 17/ Hauptstrasse bis Linthal und fünf Kilometer weiter bis Tierfehd fahren, Wanderung 5,5 bis sechs Stunden | Tipp Auf dem Weg zur Grünhornhütte kann man in der tiefer gelegenen Fridolinshütte Pause machen oder übernachten.

110 Der Gletschersee

Wassermusik unter dem Clariden

Ja, er liegt auf dem Gebiet des Kantons Uri, der Gletschersee beim Klausenpass südlich vom Urnerboden. Politisch gehört die Hochebene dem Kanton Uri, geografisch ist der Urnerboden eher dem Glarnerland zugehörig. Zumindest jeweils im Winter, wenn der Pass gesperrt ist und der Zugang nur via Linthal möglich ist.

Landschaftlich könnte der Gletschersee auch in Island liegen. Auf etwa 2.100 Metern über Meer hat er sich auf der Moräne zu Füssen der Clariden-Nordwand aus Schmelzwasser gebildet. Auf manchen Karten wird er auch Griesssee genannt. Dabei ist er mit seinen etwa 30 Jahren noch ein Jüngling.

Erst auf den zweiten Blick sieht man das geschichtete Gletschereis. Denn es ist überdeckt von Geröll, von einer schützenden Schuttschicht. Nur direkt beim See sieht man die bläuliche Eiswand. Der milchig blaugraue See bietet ein schönes Schauspiel, und auch ein Hörspiel. Schon wenn man auf dem Firnband – bis hierher reichte der Gletscher einst – über dem See steht, hört man die Wassermusik: An den Flanken der Claridenwand flüstern und rauschen Wasserfälle. Unten murmelt der Fätschbach, der Abfluss. Hin und wieder donnert ein Knall, hallt von der Felswand. Der Gletscher bricht, kalbert, Eisbrocken stürzen sich mit einem Platsch ins Wasser. Wie Schwäne oder Inselchen treiben die Eisberge langsam durch den See und lösen sich dabei immer mehr auf.

Im Sommer 2019 war der See auf eine Grösse von 13 Fussballfeldern angeschwollen. Die Wasserstandsanzeige zeugt davon. Damals lagen grosse Massen Schnee. Der Fätschbach musste sich zuerst durch die Schneewand fressen, bevor er sich Richtung Urnerboden entleeren konnte.

Geben die Wolken das Claridenmassiv frei, meint man, zuoberst das Gipfelkreuz auszumachen. Dort auf der Spitze, wo die Kantonsgrenze von Uri und Glarus verläuft. So gesehen ist der Berg, dessen Eiszunge den See speist, sowohl Urner wie Glarner.

Adresse 8751 Urnerboden | ÖV S 6, S 25 nach Linthal, Postautolinie 408 zum Klausenpass (Juni–Sept.) | Anfahrt A 3, Ausfahrt 44 Niederurnen, auf der N 17/Hauptstrasse bis Linthal und weiter zum Klausenpass, ab der Klausenpasshöhe eine Stunde zu Fuss der Beschilderung «Gletschersee» folgen | Tipp Auf der Passhöhe steht das 1932 erbaute Zielhaus für das legendäre Klausenpassrennen (geöffnet Juni–Sept.).

111 Das Escher-Denkmal

In Stein gehauene Vergangen- und Vergessenheit

Eine einfache Gedenktafel nur, halb überwachsen, erinnert an den grossen Hans Konrad Escher (1767–1823), den Erbauer des Linthkanals. Auf St. Galler Seite beim Bahnhof Ziegelbrücke ist sie unauffällig im Hain angebracht. Eine Sitzbank steht davor. Wer Platz nimmt, blickt direkt auf die Strasse und dahinter auf den Linthkanal und das Jenny-Areal.

1832, neun Jahre nach Eschers Tod, wurde das Denkmal errichtet. Damals lag es fast über der Linth. Der Wasserstand war um einiges höher. Es gab zu dieser Zeit keine Gebäude, keine Eisenbahn und nur ein bescheidenes Strässchen.

Was wir dem Staatsmann, Geologen, Ingenieur und Kartografen Hans Konrad Escher verdanken, ist in den Stein gehauen: «Ihm danken die Bewohner Gesundheit, der Fluss den geordneten Lauf. Natur und Vaterland loben sein Gemüt. Eidgenossen, Euch sei er ein Vorbild!» Über den Standort und die Form des Denkmals war im Vorfeld gestritten worden. Ein Medaillon oder eine Büste waren angedacht. Oder sollte es eine Skulptur auf dem Biberlikopf werden? Escher auf einem Baumstumpf sitzend mit einer Planrolle in der Hand? Vom Biberlikopf-Hügel aus studierte Escher die Landschaft und skizzierte den alten Walenseeausfluss und die versumpften Wiesen. Unter seiner Projektleitung wurde von 1807 bis 1816 die Linthkorrektion gebaut.

Aus Kostengründen bekam der Wohltäter des Linthgebiets dann doch nur eine bescheidene Gedenktafel gegenüber der Brücke über die Linth. Immerhin wurde der Molliser-Kanal zu seinen Ehren in Escherkanal umgetauft. Und er erhielt eine Art Adelstitel: «Hans Konrad Escher von der Linth». Als 1875 der Bahnhof Ziegelbrücke erbaut wurde, wurde auch das Restaurant Escherheim ein paar Schritte südlich des Denkmals eröffnet. Lange war es ein Treffpunkt für Bähnler, Einwohner der Linthebene und Touristen. So hatte Escher, vielmehr sein Denkmal, damals zumindest sicher mehr Besucher.

Adresse Kreuzung Konrad-Escher-Strasse/Linth-Brücke, 8866 Ziegelbrücke | ÖV S2, S4, S6, S8, S25, S27, RE nach Ziegelbrücke | Anfahrt A3, Ausfahrt 43 Bilten, Richtung Schänis, rechts auf Ziegelbrückstrasse bis Bahnhof Ziegelbrücke | Tipp Der Linthkanalweg zum Walensee führt an der «Biäsche» vorbei. Von hier fuhren einst Glarner Auswanderer nach Amerika ab.

Tuggen
Benken
Wangen
A3
1
SANKT GALLEN
Galgenen
Siebnen
Buttikon
Reichenburg
3
A3
Schänis
Bilten
4
2
SCHWYZ
Vorderthal
Innerthal
Läuferberg
84
Eggberg
69
Wägitaler See
Rütiberg
70
Obersee
Sulzboden
75
45
36
42
43
44
41
Vorauen
Steppel
Klöntalersee

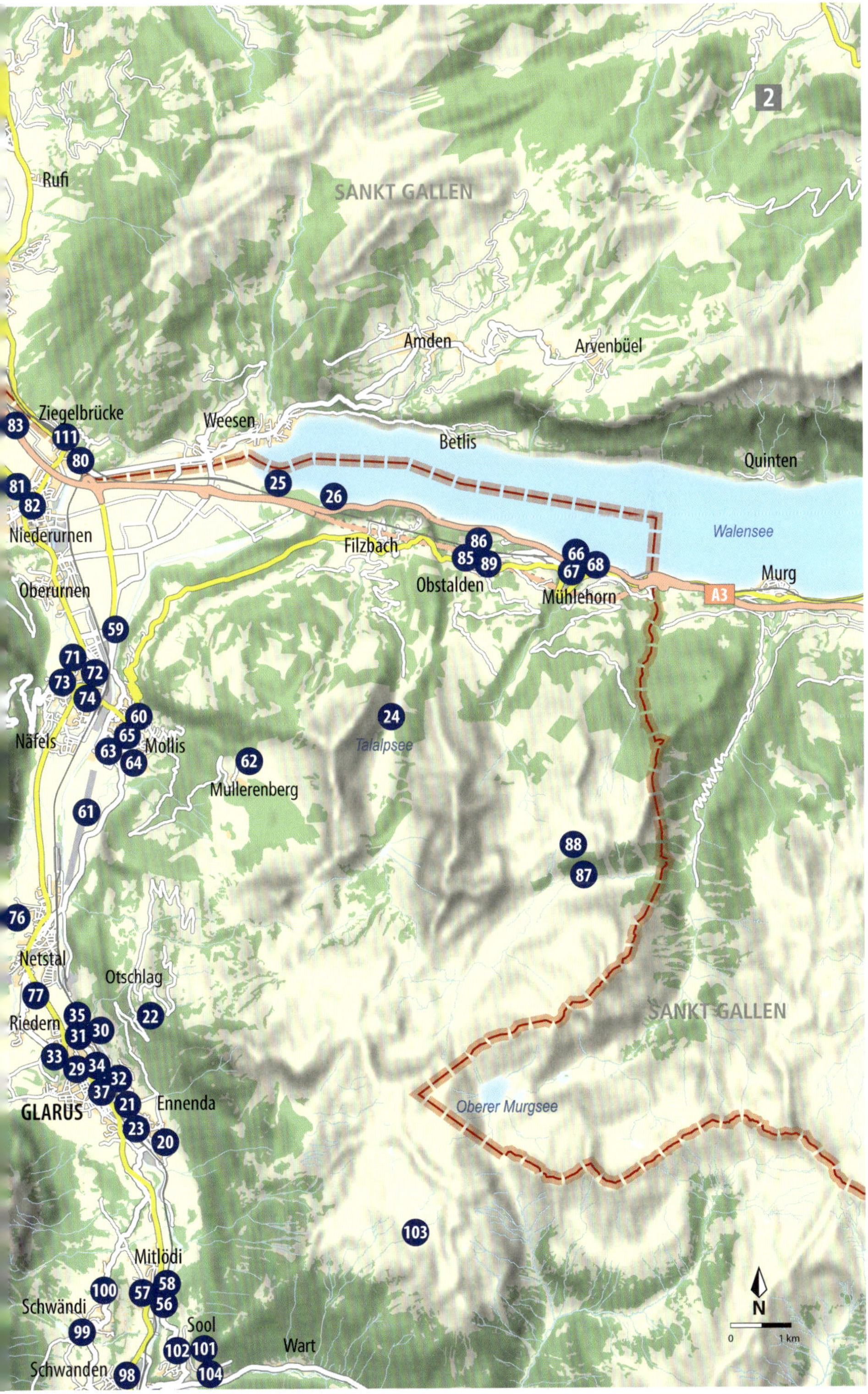

2
Rufi
SANKT GALLEN
Amden
Arvenbüel
Ziegelbrücke
Weesen
Betlis
Quinten
Niederurnen
Filzbach
Walensee
Obstalden
Mühlehorn
Murg
A3
Oberurnen
Näfels
Mollis
Talalpsee
Mullerenberg
Netstal
Otschlag
Riedern
SANKT GALLEN
GLARUS
Ennenda
Oberer Murgsee
Mitlödi
Schwändi
Sool
Wart
Schwanden
N
0
1 km

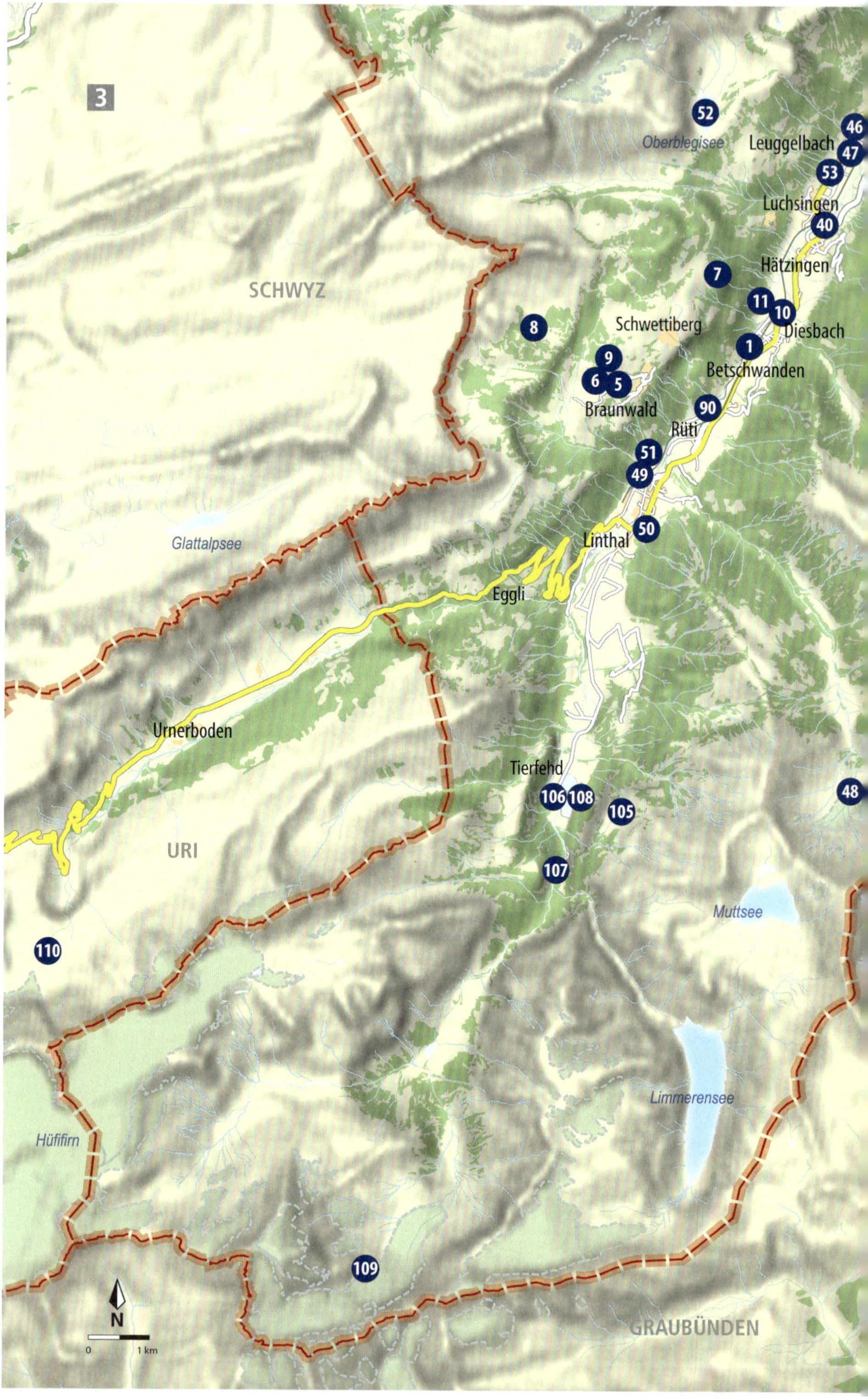
3
52
Oberblegisee
Leuggelbach
46
47
53
Luchsingen
40
SCHWYZ
7
Hätzingen
11
10
8
Schwettiberg
Diesbach
1
9
Betschwanden
6
5
Braunwald
90
Rüti
51
49
50
Glattalpsee
Linthal
Eggli
Urnerboden
Tierfehd
106
108
48
105
URI
107
Muttsee
110
Limmerensee
Hüfifirn
109
N
0
1 km
GRAUBÜNDEN

78
94
95
93
92
91
Schwanden
79
Nidfurn
96
97
Haslen
Engi
4
19
18
54
Weissenberge
Matt
55
Mettmen
27
38
Stausee Garichti
39
28
16
17
Empächli
Elm
12
14
15
Steinibach
13
GRAUBÜNDEN
Lag da Pigniu
Falera

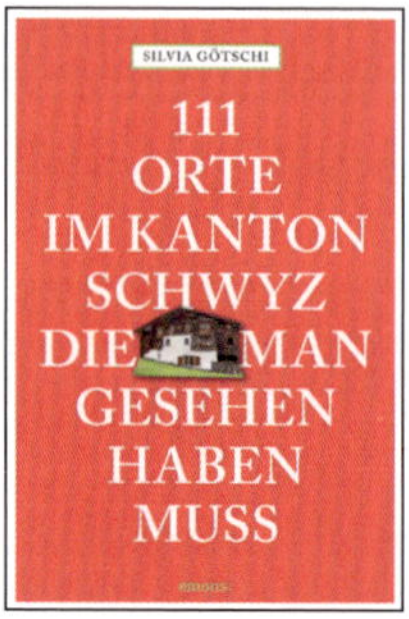

Silvia Götschi
111 Orte im Kanton Schwyz, die man gesehen haben muss
ISBN 978-3-7408-0116-8

Christian Löhden
111 Orte in Graubünden, die man gesehen haben muss
ISBN 978-3-7408-1195-2

Christof Gasser, Barbara Saladin
111 Orte im Kanton Solothurn, die man gesehen haben muss
ISBN 978-3-7408-0975-1

Ambroise Tièche, Katharina Hohmann, Fritz von Klinggräff
111 Orte in Genf, die man gesehen haben muss
ISBN 978-3-7408-0835-8

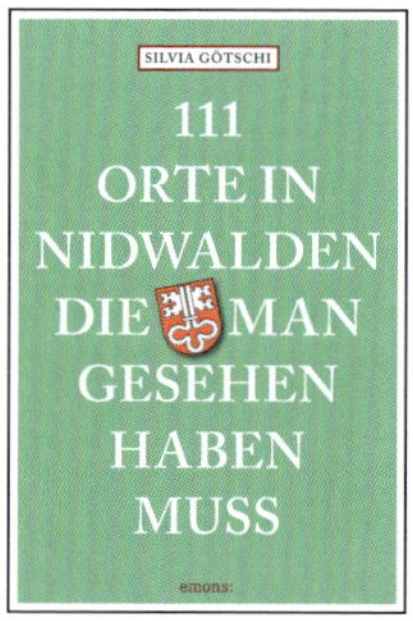

Silvia Götschi
111 Orte in Nidwalden, die man gesehen haben muss
ISBN 978-3-7408-0566-1

Nina Kobelt, Silvia Schaub
111 Orte rund um den Säntis, die man gesehen haben muss
ISBN 978-3-7408-0550-0

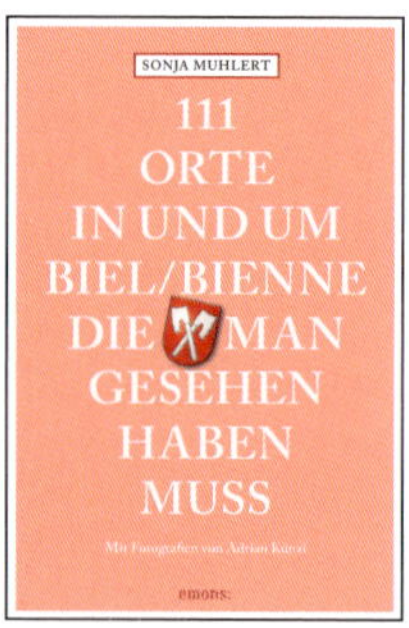

Sonja Muhlert, Adrian Künzi
111 Orte in und um Biel/Bienne, die man gesehen haben muss
ISBN 978-3-7408-0340-7

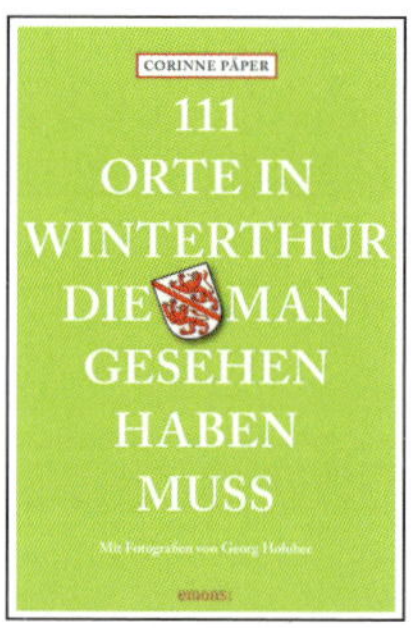

Corinne Päper, Georg Holubec
111 Orte in Winterthur, die man gesehen haben muss
ISBN 978-3-7408-0237-0

Marcus X. Schmid, Michel Riethmann
111 Orte in Luzern und rund um den Vierwaldstättersee, die man gesehen haben muss
ISBN 978-3-7408-0866-2

Mercedes Korzeniowski-Kneule
111 Orte in Basel, die man gesehen haben muss
ISBN 978-3-95451-702-2

Oliver Schröter, Falk Saalbach
111 Orte in Zürich, die man gesehen haben muss
ISBN 978-3-95451-538-7

Cornelia Lohs
111 Orte in Bern, die man gesehen haben muss
ISBN 978-3-95451-669-8

Marion Rapp
111 Schätze der Natur rund um den Bodensee, die man gesehen haben muss
ISBN 978-3-95451-619-3

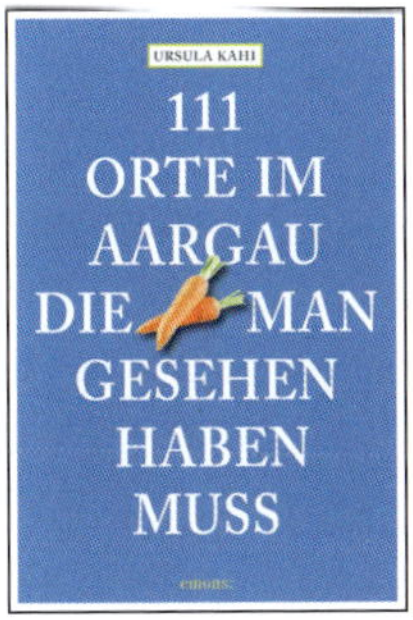

Ursula Kahi
111 Orte im Aargau, die man gesehen haben muss
ISBN 978-3-95451-537-0

Dietlind Castor
111 Orte am Bodensee, die man gesehen haben muss
ISBN 978-3-7408-1098-6

Cornelia Ziegler
111 Orte im Allgäu, die man gesehen haben muss
ISBN 978-3-95451-343-7

Barbara Riess
111 Orte in Freiburg, die man gesehen haben muss
ISBN 978-3-7408-1073-3

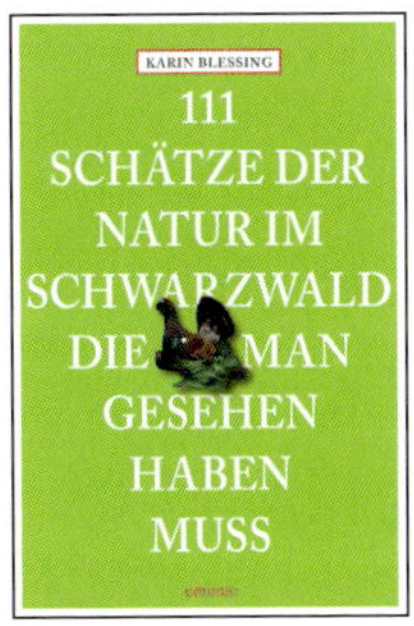

Karin Blessing
111 Schätze der Natur im Schwarzwald, die man gesehen haben muss
ISBN 978-3-95451-701-5

Herzlichen Dank an

kanton glarus

SWISSLOS Kulturfonds

Stiftung der Glarner Kantonalbank
für ein starkes Glarnerland

Petra Koci wohnt am Zürichsee. Die freie Journalistin publiziert für verschiedene Schweizer Medien.

Benno Gut wohnt am Zürichsee. Am Central Saint Martins College of Art and Design in London hat er im Fachbereich Film und Fotografie abgeschlossen. In Zürich arbeitet er als Designer und Fotograf.

Herzlichen Dank an

kanton glarus

SWISSLOS
Kulturfonds

Stiftung der Glarner Kantonalbank
für ein starkes Glarnerland

Petra Koci wohnt am Zürichsee. Die freie Journalistin publiziert für verschiedene Schweizer Medien.

Benno Gut wohnt am Zürichsee. Am Central Saint Martins College of Art and Design in London hat er im Fachbereich Film und Fotografie abgeschlossen. In Zürich arbeitet er als Designer und Fotograf.